新手父母

全美最受信任的心理治療師，有

管理情緒✕
控制衝動

When Kids
Call
the Shot

重新掌握教養主導權

專業心理治療師　史恩・葛洛佛◎著
陳芳智◎譯

現代教養術

文／楊聰財 楊聰才身心診所 院長＆美國杜蘭大學公共衛生醫學博士

　　在診間，很容易看到現代孝子孝女（孝順「蠻橫子女」的父母親），帶著情緒管理不佳的小孩前來就診，主要擔心他們如果持續如此，以後是否會影響人際關係，甚至是否會變成「社會問題」！

　　擔心以上問題的人有福了，因為這本由全美最受信任的專業心理治療師史恩・葛洛佛所著的書籍，提供了解決的辦法以及重要的資訊。我列舉此書值得閱讀的重點如下，供需要緊急求救的讀者父母參考。

　　書中列舉了最常耍蠻橫的三種孩子類型，以及三種最容易引發孩子蠻橫行為的家長類型；供讀者自我檢視，文中並透過教養案例來協助家長對照以釐清自身的親子問題，此外，也專業的提供立即有效的策略與長期改善策略來幫助父母重新建立信心，取回生活及教養的主導權。

　　本人以精神科專科醫師、醫學博士、副教授、以及擔任過父母親的過來人身分，一來很榮幸被邀請為此書寫序，二來也極樂意向各位推薦閱讀這本很實用的好書！

教養，從父母開始

文／安佐的媽（黃尹柔）親子天下嚴選部落客

　　首先，我想要對願意閱讀教養文章的讀者表達敬意，因為你我願意投注時間來檢視自身的教養問題，為一個健康的親子關係做努力。

　　從身為父母開始，我們經歷了孩子給予的美好感覺，同時也伴隨著衝突與隱藏在每日生活中的教養危機，或許你意識到了有些不對勁，但又無從對症下藥。以我的情況來說，每天，我都很盡心的在為家人準備晚餐，起先我在廚藝方面琢磨了許多的時間，相對的也犧牲掉更多跟孩子相處的機會，有做菜經驗的人都曉得，煮一餐要花掉多少精神與體力，收拾餐桌後，只想要一個人好好的休息。

　　教養問題就像是潛伏在身體裡的病毒一樣，總在你最脆弱的時候爆發開來，我希望廚房不是專屬於我的地盤，我希望孩子也可以一起為晚餐做些努力，我希望在我有限的每日時光裡，可以好好的跟家人對話，我希望孩子可以為桌上的佳餚心存感謝，於是我開始訂下規矩，以前的我曾經是不喜歡太多規矩的（這得溯及我自己的童年經歷過什麼，這本書裡面也有談到這部分的內容）。

　　然而，規矩、約束與分寸卻是父母必須明確的定義出來，讓孩子去遵守的，我們知道孩子總有無限大的勇氣，因為他們有著初生之犢不畏虎的本能，但相較於已經社會化的大人來說，他們的經驗是不足的，不夠他們用來做出正確的判斷，而規矩本身就是引導他

3

們朝向正途發展的指標,當然,孩子會違抗也是正常的反應,然而,我們既然是父母,必須學習的是努力具有領導者的能力,所謂領導能力是讓團隊成員由衷的信賴你,待在這個團隊裡感覺到安全,並能勇敢挑戰每一個迎面而來的挫折。

有一天,我問六歲的兒子:「你認為什麼是自由?爸媽都不管你好不好?」

兒子的回答是:「我覺得自由應該是,把自己應該做的事情做好後,去做自己想做的事情,如果爸媽都不管我,那也不好,因為爸媽是為了讓我們變得更好。」

很慶幸,兒子的想法很正面,很慶幸,我早為他立下規矩,讓他在偶爾的行為脫軌之時,有一個明顯的方向可以追尋。

那麼在管教女兒方面,我有另一方面的擔憂,總覺得她像隻麻雀般滔滔不絕的表達她自己的想法,少了停頓下來,好好聽我說話的頓點,這曾經讓我感到抓狂。我想要為這樣的狀況作出努力,卻不知道從何開始使力,還好出版社的編輯給了我《管理情緒 × 控制衝動,重新掌握教養主導權》的書稿,我在書裡找到了答案,問題的根源可能在於我身上,是不是我也給她這樣的感覺,是不是我太專心於準備料理,而當她開心或者難過地跟我訴說學校發生的事情,我沒有給予同樣對等的專注與傾聽呢?

在第三章裡有段文字:

「情緒在管教上才是影響深入的。最後能讓孩子產生改變最

快、也是最有效的方法不是操控、不是控制，也不是支配，而是從鏡子裡好好看清楚開始，從你開始。」

不就是如此嗎？孩子的行為是父母的鏡像反射，他們是來幫助我們修正自身的問題的，讓我們回到自己的童年，去重新檢視過去的關係，有哪些美好的，希望可以好好保留下來的，有哪些不好的，我們希望可以拋棄並另闢一條新的路徑的。

在《管理情緒 × 控制衝動，重新掌握教養主導權》這本很體恤父母的書裡，有很多專業的分析與案例，提供了我們有實質幫助的做法，去維持教養裡最好的特質：正念與自我掌控。

祝福所有的父母與孩子！

有快樂的父母，才有快樂的孩子

　　你跟孩子的關係出了差錯，但又說不出問題在哪裡。你不確定這是什麼時候發生、怎麼發生的，不過你知道你想讓關係再度恢復正常——而且是盡快地恢復。只是，有一個難題：要怎麼做，你還沒有任何頭緒。

　　你勸自己，「要樂觀啊，不過是個過渡期而已，事情會過去的。要保持正面的態度。」你祈求天賜好運，希望事情能順心如意。

　　但這樣的想法也無法帶給你多少心安。你和孩子的關係崩壞後，「希望」也插不上手。事實上，生活中的一切都變得不對勁。多少無眠的夜晚，你心碎又失落。我了解——我也曾經歷過。

　　教養子女是一件麻煩混亂的事業，充滿了意料之外的變化與曲折。需要新的技巧來克服問題——而且要快。就算是最盡心盡力的父母也會被孩子搞得暈頭轉向。

　　「我覺得我每件事都做得不錯啊，為什麼還會發生這些事？」

☺ 讓教養保持簡單和專注

　　尋求專業的意見一直是個不錯的想法。不過在你花費大把金錢送孩子去治療、進行行為矯正方案、醫療，或是去進行人格評估及神經心理測試之前，先來考慮一些你馬上就能採取的方法。

　　孩子複雜，但是他們的需求卻不複雜。我們在第二章中會學到，每個孩子都有五個基本需求。一旦滿足了這五個需求，孩子的行為及情緒改善速度之快，會讓你感到驚訝的。反之，如果這些基本需求沒被滿足，要調解你和孩子間的關係肯定困難重重。

與其把太多的分析和強迫手段加諸在教養之上，我們應該讓教養保持簡單、專注在最基本的事情上。親子問題的解決之道，往往近在眼前。事實上，要修復你與孩子之間的情勢可能比你想得還容易。

　　舉個例來說，我家廚房的水槽之前漏水了好一段時間。不管我怎麼做，就是會再漏。水電師傅告訴我，水管當初就沒裝好，排水不在中心，所以必須把整座水槽拿掉。我找人來估價，每個報價都要好幾百塊美金，我根本不想花那種錢。畢竟，只是漏了小小的一滴水！

　　所以，我就到家裡附近的五金行去，把情況跟一個老店員講。他連想都沒想一下就跟我講，「把墊片換掉試看看。」老店員拿了三個墊片賣我，每個三十五分錢。從此以後，我家水管沒再漏過水。

　　所以在你驚慌失措，花錢請來大隊心理健康專家來對付你的孩子、在你花時間去研究社工人員、心理專家、精神科醫師、或心理治療師（我會在第七章中解釋這些人員實際上在做什麼）、在你自責或責怪你的伴侶、輾轉反側無法成眠、內心充滿罪惡感之前，花一點時間想想：你不必一切從頭開始，換個「墊片」可能就可以了。

☺ 多方探索，不拘泥形式

　　今日的父母對於子女教養並不流於形式。他們很努力去了解孩子、閱讀教養相關的書籍和雜誌，聆聽網路的教養新文，也參加教養子女的專題研討會。開明的父母不要任何不確實的教養建議。

　　推動這股新興教養風氣背後的動力是什麼呢？天下所有的好爸媽都希望給孩子一個比自己更美好的童年。對我而言，這樣一心一意的父母就是教養上活生生的藝術品與傑作。他們教養孩子時懷抱著目的、熱情與喜悅。他們和孩子的關係很健康，因為他們費心思在親子關係上，也在自己身上。

適時按下暫停鍵，不過度反應

如果你已經給孩子提供了基本的需求了呢？你關注孩子、觀察敏銳、以尊重的態度對待孩子——但你們的關係還是多災多難？如果情況如此，那我們就必須更深入去找出潛在的原因。要找出原因必須勤勞一點。

親子之間的關係就和其他關係沒兩樣。偶而非常好，不過需要一直付出心力。成人之間關係的種種問題浮現在親子關係上，只是時間早晚而已。當我們成為父母時，一些壞習慣就出現了。舉例來說，我們自己在家也會犯些錯誤行為，而孩子只是有樣學樣，卻被懲罰。為避免我們的缺點在孩子身上重現，我們必須學習新的技巧。

這樣一來，成為父母還幫我們製造出一個機會，讓我們能去修補自己受損的部分——那些我們總愛去避免或喜歡視若無睹的地方。自己內心的不和諧會成為與孩子之間不和諧的養分。有快樂的父母才有快樂的孩子，反之亦然。治療我們內在的不和諧是治療與孩子間不和諧的第一步。

在教養這個部分，我的目標一直是幫助父母親學習如何監管自己的想法與情緒，在對孩子的問題行為進行反應前按下暫停鍵。不經意的反應會引起爭論，增加衝突、讓你對教養孩子的信心降低。

要維持好的親子關係也需要回溯一下的你過去的經歷。在後面的章節中，你將會學到，要讓你的親子關係重新恢復必須從挖掘你的過去開始，找出這段往事是如何讓你形成今日教養上的選擇的。

- ❧ 你接受了怎樣的教養？
- ❧ 你的父母做得最好的是什麼？
- ❧ 你父母哪些方面沒做對？

以正念去探索過去的經歷，專注在你今日當了父母親後所經歷的感受與悸動都會幫助你，讓你培養出更容易被點醒的能力、去諒解別人及同情心。你將能夠更快體會孩子的經驗，用更了解、更具同情心的方式回應。了解才能孕育出親密感與尊重；覺得父母了解自己的孩子很少會把父母親推離身邊的。

x   x   x

多年前，我在一家書店裡參加了一位我很喜歡作者的面談會。身材單薄有如弱柳的他歪歪扭扭的晃到麥克風前。參加面談的人提出的第一個問題是，「請問，您自認最大的成就是什麼？」

這位作者幾乎囊括了作家能贏得的所有獎項，所以我想了很多他可能回答的方式。他會提到他贏得普立茲獎的戲劇作品嗎？還是他獲得奧斯卡獎提名的電影劇本呢？

只見他毫無遲疑的回答，「我的孩子。」

在那一刻，我上到了寶貴的一課：沒有任何成就能高過教養出優秀的孩子，並享受健康的親子關係的了。

這正是我寫本書的目的。本書是為了那些在面對挑戰，也能反求諸己，努力打造更佳親子關係的父母親而寫。也是為了那些竭盡全力，一心只想給孩子一個最棒童年的父母而作。

好的教養帶來的獎勵會回饋到我們自己的生活裡。沒有什麼比得上讓一個受到問題家庭生活拖累、心中滿是怨氣、全身惡習的孩子，擺脫問題，被快快樂樂送返世界裡更讓人滿足的——孩子自由的做自己，一個單純的自己，沒有各種束縛。這樣的健康關係是我們給孩子，也是給自己最棒的禮物了。

目錄

〔推薦序〕現代教養術 / 楊聰財　　　　　　　　　2

　　　　　教養，從父母開始 / 安佐的媽（黃尹柔）　3

〔自　序〕有快樂的父母，才有快樂的孩子　　　6

Chaper 1　逃離「苦難家長俱樂部」　　　13

走一趟自我發現之旅　　　　15

在教養路上跌跌撞撞　　　　16

被女兒的一句話點醒　　　　17

思考後再出發　　　　　　　20

領悟 3 個新道理　　　　　　21

透過練習讓親子關係更好　　21

「鬆餅時間」治療法　　　　22

如何使用本書　　　　　　　26

在開始之前　　　　　　　　27

指引迷津的教養日誌　　　　32

寫日誌小祕訣　　　　　　　33

Chapter 2　我可愛的乖孩子怎麼了？　　　37

了解孩子的心理發展　　　　38

渴望獨立而助長衝突　　　　39

挫敗感轉化成蠻橫行為　　　39

3 個治標不治本的策略　　　42

3 個立即有效的步驟　　　　46

重訪「鬆餅時間」治療法　　48

治療蠻橫行為的長期步驟　　49

Chaper 3 預防累癱的教養策略 **65**

過去造就現在   **66**

教養方式的光明面與黑暗面   **70**

找出你的教養模式   **73**

3 種可能被蠻橫對待的父母   **74**

你是個累癱了的父母親嗎？   **81**

4 個治療父母疲憊的方法   **83**

Chaper 4 了解孩子的蠻橫型態 **95**

3 種蠻橫型態   **96**

挑釁型的蠻橫行為   **97**

焦慮型的蠻橫行為   **109**

操控型的蠻橫行為   **121**

Chaper 5 助長蠻橫行為的管教形式 **129**

罪惡感型父母   **130**

焦慮型父母   **140**

萬事有我型父母   **146**

目錄

Chaper 6　設計專屬的教養百寶箱　　　155

建立一個沒有蠻橫行為的家　156
3 步驟打造全新親子關係　157
堅持願景　158
為自己的行為負責　165
管理自己的情緒　166
邁向一個新的你　182

Chaper 7　組成終結蠻橫的支援團隊　　　183

組成反蠻橫團隊 4 步驟　184
認識心理健康專業人員　200
立刻行動，獲取勝利　201
該送孩子去寄宿學校嗎？　203
寄宿學校的替代選項　206
重啟孩子的童年　207

Chaper 8　7 種引發蠻橫行為的教養危機　　　209

當危機出現時　211
調適與轉變的 3 要點　216
7 種引發教養危機的狀況　218
再次感受為人父母的喜悅　236
為何和孩子的鬥爭如此之多？　237
最好的教養特質——身教　238

Chaper
1

逃離
「苦難家長俱樂部」

歡迎你！你會選購本書，很可能是因為被自家孩子無理又蠻橫的行為欺負了。我指的不是孩子在每一個發展階段，偶而的回嘴行為。我說的，是孩子真正辱罵，蠻橫對待父母的暴力行為。

這到底是怎麼發生的？

一兩個世代以前，孩子蠻橫對待父母是一件無法想像的事。你可能壓根沒想過會對父母動手動腳，高聲斥喝。事實上，很多為人父母的都告訴我，他們對父母非常畏懼，根本不敢去挑戰他們的威權。

但是現在，大家都知道，父母會被子女蠻橫對待。到家附近的兒童遊戲場看看，或是逛一下購物中心，你肯定能看到家長被蠻橫對待的戲碼——小孩大吼大叫、高聲咒罵，甚至還動手對父母拳打腳踢。對這些被蠻橫對待的家長來說，剛悲慘度過孩子的兩歲無知期，就又墮入了悲慘的小兒期，然後是悲慘的青春期，跟著就是可怕的大學期，以此類推。

為了要求得解脫，我們可能會開始罵人。指著基因或家族史罵，或許還會怪社會的不是、怪配偶（或前夫前妻），甚至怪自己。但這樣是沒用的。提不出修補關係的方針，只會強化自己成為孩子手下犧牲品的感受。

家中發生的蠻橫行為是全家失衡的一個跡象。或許是家中發生過一些有破壞性的事情，像是離婚、生病、或是財務問題。或許是孩子在經歷某個發展階段時遇到了困難。也可能是遇上了令人沮喪的轉變問題，如搬家或是轉學。這樣的考驗都可能在孩子心裡挑起他們無法承受的不安感，間接引發蠻橫對待父母的行為。

 走一趟自我發現之旅

　　曾經，為親之道是個親身經歷過才能學會的事，是你走在人生路上，必須從成人必做之事名單上勾選的事。更慘的是，我們還有很多糟糕的諺語，用來扭曲我們對於養育孩子的想法。

　　「孩子就要管教，不必聽他們說什麼。」

　　「不打不成器。」

　　「我說什麼你就做什麼，沒叫你跟我做。」

　　在中古時代，這些俗諺被刻在硬幣上，奉為圭臬，訝異嗎？不用懷疑，對這種不開明的教養觀點，我們付出了沉重的代價。

　　所以，在我們一頭栽進被子女蠻橫對待的世界中鑽研教養之前，我想先為你鼓掌，你把管教之道如此鄭而重之的對待。如果你現在正在閱讀本書，你就是個新世代的父母，在孩子情緒健康的教育上，能夠體認了解自我以及正念（mindfulness）的重要性。

　　為人父母是件改變一生的大事，開啟了每一階段自我意識的深刻轉變。自我不經一番徹底的改頭換面，是無法為人父母的。

　　為人父母的喜悅經常被強調，然而帶來的焦慮感卻往往被忽略。為人父母在人際關係、個性、以及行為上都會產生巨大的影響，也帶來未曾預期的新壓力，像是金錢方面的挑戰、時間管理的問題，或是健康問題。父母親發現自己的睡眠變少、擔憂變多，而且得跟自己無法理解的情緒抗爭。

　　從一開始，教養子女的方式就挑起我們自己童年的經驗，讓我們徹底大震撼。我們發現自己說著父母說過的話、和孩子之間產生了衝突，或是再次製造出和父母關係中曾經出現過的問題點。

再拉回在遊戲場或購物中心欺負父母的孩子身上。隔岸觀看，事情似乎是生氣中的孩子蠻橫對待了父母。或者是，父母似乎累過頭了，無法對孩子說個不字。又或許是孩子一副被寵壞的樣子，也可能是，孩子有理由才鬧的。

但藏在表象之下還有更多深層的東西。

本書將帶你走一趟自我發現之旅。一路走去，你將會去面對你在選擇教養方式時，會影響你選擇的恐懼與不安感的原因。你會開始看出什麼是老式、沒有效率的管教方式，並打造出適合你家庭與孩子相處的新方法。你會了解自己為什麼會變成被蠻橫對待的父母，並一勞永逸的終止這種狀況。

 ## 在教養路上跌跌撞撞

在我們深入去探討父母被蠻橫欺負這事的真相之前，我想我最好先招認：

我是個曾被孩子蠻橫對待的父母。

是的，是真的。跟你一樣，我心存善意──我開明又天真，但在教養之道上跌跌撞撞。我想盡我全力做一個好父母。我要做得比我父母好。我想讓全世界看到，我（沒錯，就是我！）可以教養出一個何等出色的好孩子，畢竟我是個心理治療師，一直以來都和孩子與家庭一起工作。關於做父母的準備，誰能做得比我更好？

但是天哪！我要學習的地方實在很多啊！

在我大女兒還不到六歲、而老二在家裡四處爬時，我因為缺乏睡眠變得迷迷糊糊、疲憊不堪、憂思忡忡而亂了頭緒，我渴望能恢復往日的生活。我大女兒的行為嚇到了我，讓我非常難過。她粗魯、

要求多、難伺候、還很小氣。她跟我講話的方式是我從來不敢對父母親用的。而且無論我怎麼努力想改善這種狀況，情況只是每下愈況。

我教養出來的不是一個能好好適應環境的孩子，但她蠻橫欺負人的能力倒是一流。

我很快就發現自己在逃避和她之間的衝突。我不能忍受另外一場失序的災難或是突然爆發的脾氣，特別是在公眾場合，公眾場合裡的觀眾似乎會助長她盛氣凌人的氣燄。所以為了求得一時的平靜，我會屈服於她的要求。但是這一時的平靜，時間卻愈來愈短。

她為什麼敢用那麼不客氣的方式和我說話呢？

我晚上倒頭跌進床上時，這樣的問題揮之不去，深深刺痛著我：

「我是哪裡做錯了？」

「我為什麼怕她？」

「我是不是太放任她了？」

那時，有件事情我倒是清楚：無論我怎麼做，都沒有用。

 ## 被女兒的一句話點醒

每一年元旦，我都會參加家裡附近一所佛教中心的慶典。這是我最喜歡的聚會之一，充滿著音樂、舞蹈、藝術與詩。孩子們咯咯笑著，跑過廳堂，老友尋找彼此，彼此擁抱親吻。還有比這更好的開年方式嗎？

話說，到了該回家的時候，我女兒說她想留下來。她鑽進人堆裡，兩隻手臂亂舞，飛快鑽到桌子底下去。「我才不要回家，爸爸！」她尖聲叫著，「別管我！」

　　我努力保持鎮靜，但心裡燃起一把熊熊怒火。我緩緩的意識到，我正被人細細打量。我頭暈了起來，抽痛著。「快讓我滾出這裡吧！」我心想。我從其他家長眼中收到了同情──他們知道我心裡的掙扎。

　　「SPC 苦難家長俱樂部」成員之間有種立刻能辨識出對方的能力，一種立即產生的同理心。每一次，當我遇見手中推車坐著尖叫嬰兒的爸爸經過身邊時，我都能完全了解他正在經歷的事。我們的眼神會立即在空中交會，然後無言的交換。「我了解你的痛苦，老兄。」「謝謝你，老弟。」然後分開，各走各路。

　　來說說我那尖叫不休、雙手亂揮的女兒。那些來自於非父母者批判的瞪視，深深的傷害了我。對於為人父母的艱辛，他們知道什麼呢？他們生活的世界裡，可以安靜的吃飯、好好的睡飽，而我卻活在一個牢籠之中，裡面塞滿了絨毛玩具、小公主裝和閃亮亮的東西。

　　當我在佛教中心追著女兒滿場跑時，我脾氣衝了上來。我身為一個治療師，專業是處理孩子的事務、帶領如何教育兒女的研討會，還公開發表教養專文──現在卻不知道該拿自己的孩子怎麼辦！

　　當其他令人著惱的眼光進入我視線，我爸的一句話從我嘴裡脫口而出，充滿了威嚇恫嚇。「我說夠了就是夠了！」

　　我把她拎起來，走向門口。她在我手上扭來扭去，像隻潑猴。我一找到車，就用她的安全帶把她綁住，甩上了車門。

　　我想過，這樣看起來一定很像綁架。

　　我開車回家時，滿腦子只想著要如何報復。我今天一定要她付

出代價、得到處罰，今天我一定要做到，絕不拖延。我要讓她知道，誰才是老大！

「我要把她的絨毛動物和最心愛的枕頭拿走！」

「我要把她的床、房間的門和床墊拆掉！」

「她得住在牢房裡，懇求我原諒！」

就在那一刻，女兒讓我亂飛的思緒著了地。

「爸爸，你為什麼那麼生氣？」

我聽到這問題楞住了。「我為什麼那麼生氣？」我一字一字吐出。她誠摯的語氣讓我心神一凝。我還來不及回應，她把對她而言，而不是對我而言，再明白不過的事情直接講出來，「今天真是快樂的一天啊，爸爸。你卻讓它變得很難過。」

我摸索著，想找出反駁的話。但心底深處，我有種不舒服的感覺，她沒說錯。我的所作所為在在都違反了我對眾家長的忠告。我心懷恨意、刻薄，最糟的是，毫無幽默感。我覺得自己是徹頭徹尾的失敗。在事情最火熱的一刻，我那些策略、訓練、學識、學位，全都不管用。當我自己在生活上管教子女的方式居然如此不佳，那些學術論文或給自己的忠告又有什麼好的？

我們到家後，我癱進椅子裡，眼睛落在塞滿書架的管教書籍上。我在考慮要打開窗戶，把書全扔出去，一次一本。我想像，這些作者全都在我窗下的街道上走動，一個個、慢慢的。我狠狠扔出的書，噗一聲準確的砸在他們頭上，讓他們倒臥在路邊。

為什麼我受過的教養訓練會失敗呢？

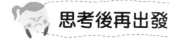 **思考後再出發**

　　經過幾個禮拜的自省與深刻的思考，我痛苦的覺悟了：我必須從這責罵的火車上跳下來。所有因責罵帶來的滿意都是短暫的，讓我覺得無望又痛苦。更慘的是，責備空虛的能量讓我變成一個受難者，一直在對世人廣播我受害者的身分。該是我為女兒行為負起責任的時候了。畢竟，我是她的家長。我生養她，不是嗎？她生來就帶著一定的人格特質與性情，但最終，我必須為她行事的方式負責。

　　在生意場上，一家公司如果業績衰退，管理方式就要接受審查。管教子女也沒什麼不同。

　　我的女兒有欺負人的權利。她是個孩子，孩子的行為就是那樣。而我對她蠻橫行為的反應才是問題所在。

　　我非但沒有幫助她管理情緒與衝動問題，反而一味去責怪她，試圖去控制她。更糟糕的是，我用自己的欺凌行為來對應她的蠻橫。她生氣，我更是怒氣衝衝。我沒有試圖去了解她，而是去壓制她，讓她的挑釁和蠻橫行為更加嚴重。

　　作為父母，我沒去帶領她，而是在回應她。

　　用甘地的話說，想在孩子身上看到的改變必須先出現在我自己身上。如果我想在她身上看見耐心，我自己必須更有耐心。如果我想她減少欺凌人的行為，我自己就必須減少欺凌別人的行為。如果我想讓她能留心別人，我必須先做出榜樣。

　　是讓我好好去辯證兒童心理學教科書中知識、分析訓練成果及心理學大堆頭文章的時候了。要逃出苦難家長俱樂部唯一一條路就是去深入挖掘我的過去，找出我為什麼會容許女兒對我蠻橫的原因。

　　沒有自我意識的忠告幾乎發揮不了作用的。該是時候，讓我打

住，不要再罵孩子，好好去看看鏡子。

 領悟 3 個新道理

經過一番累人的自我分析及內省期後，我找到了真相。事實上，找到了三項：

❶ 孩子的行為其實是我自己行為的反映。如果我想讓她改變行為方式，我必須從改變自己開始。

❷ 我個人的過去——所有造就今日之我的過去——都活在我自己的管教方式中，在裡面活生生的呼吸。我必須把這些一直影響我管教選擇，以及讓女兒更肆意進行蠻橫行為的恐懼與不安感找出來，並且了解清楚。

❸ 了解到能好好管理自己的感覺與衝動。上述作法才是緩和親子關係、停止孩子蠻橫行為的關鍵。

單純化並了解我自己的內心世界，是改善女兒與我關係最重要的一個動作。

 透過練習讓親子關係更好

律師施行律法、醫師施行醫術，為人父母者施行的就是教養之術。「施行」是關鍵字。英文 practice （練習、施行）這個字指的就是不斷學習的過程。為人父母不是一種身分，而是你到底是其中的一部分。要當個好父母，你必須從各個方面來考量自己——所有

造成你成為現在的你的一切因素。

父母的教養讓我們得以成長，消除自己在成熟度上的缺失，讓我們更加完整。每個人都有不成熟的地方，這在我們為人父母後就會浮現出來。親子關係是一種很特別的關係，是其他關係無法比擬的。但是至少有一種方式可以讓這種與孩子間的關係變得跟生活中的其他關係沒有差異，那就是透過練習，讓它更好。

 ## 「鬆餅時間」治療法

在我和女兒的關係降至冰點後，我決定要尋求專業的協助。這是一顆難以吞嚥的苦藥，但是我站在理智的一方。拿起電話預約本身就是一件極有教育性的事，幫助我認清，要一個當父母的去尋求幫助有多困難。這逼出了我滿腔不舒服的感受。

「我是個失敗家長嗎？」

「我的行為聽起來為什麼和我爸爸很像？」

「怎樣的治療師才會管不了自己的小孩啊？」

經過研究並打過許多電話後，我找到了一位有名又值得敬重的親子關係專家。預約之後等了數週，也從令人瞠目結舌的高價收費中回過神後，我踏進了他懸掛著木製名牌的辦公室，準備好好接收從他桃花心木大桌穿越過來的睿智忠告。

他聽過我的悲慘故事後，閉上眼睛，了解的點了點頭。「每個禮拜帶你女兒一起去吃三次早餐。」

我等著，等他說出更多話。

「就這樣？」我問道。

「讓她講話，仔細聽她說什麼。不要給她勸告、不要出意見、也別下指導棋，只要聽就好。這樣做一兩個禮拜之後，事情就會有所轉變。」

他從椅子上起身。「記住，」他說道，「孩子有脾氣，父母沒有。」

他到底在說什麼呀？

在我能大聲吼出「退錢！」之前，我出了他辦公室，回到自己車上，在開車回家的路上一路碎碎念著。

「他是說真的吧？」

「傾聽，什麼事就都能解決了？」

「那句脾氣不脾氣的是什麼意思？」

我會照他的話去做，但是心裡並不抱期待。

那個週末，當我告訴女兒要帶她一起出去吃早餐時，她給了我一個大大的笑臉。我了解任何事情只要和鬆餅扯上邊，就會是綠燈。但是，這次不一樣，她真的很興奮。她抓起漂亮的帽子和最心愛的絨毛動物玩偶，向門口奔去。

「再見，媽媽。我和爸爸要去吃早餐囉！」她快樂的大喊。

當我們在自己的小餐桌坐定，她嘰嘰喳喳的講起她最喜歡的卡通和電影、她上次的玩伴，以及她在學校新交到的好朋友。在過程中，我才發現，原來她有多喜歡讓我全心全意的注意她。她容光煥發。我試著不要講話，只問問題。這讓她更歡喜了。

我們坐在窗戶旁的小亭子裡，享受著我們的鬆餅。外面街道上的一個女人往裡面看著我們。乍看之下，我以為她想看我們吃什麼，但後來才發現她是藉著玻璃的反射在補妝。畫眼線時，她還很不優雅的撐著鼻孔，時大時小的。我女兒咯咯的發出笑聲。「爸爸，你看！她在做鬼臉咧。」

我們打從心裡笑了出來。或許，這只有短短的一刻，但對我而言卻難以忘懷。這段長長的時間以來，我們還是第一次如此享受彼此的陪伴。

那一刻鐘，以及接著上來的早餐成為了我們關係中的轉捩點，一個全新的相處方式。我覺得跟她很親近，也更喜歡她。我開始問自己，導致她蠻橫行為的恐懼與不安感到底是什麼。

然後，我想起幾天前，她妹妹回家後我們之間的對話。女兒顯然是被激怒了，她把我拉到一旁，急切的低聲問道：「那個嬰兒什麼時候回醫院去啊？」

我以為她在開玩笑。「嬰兒要跟我們住在一起，」我明確的跟她說，「我們要把她留下來。」

她張大了眼，手放到脣上。「你是說……像……永遠那麼久？」

這整段時間的事，都在我眼前發生：她小妹的出生撼動了她的世界，把她推離閃光燈下。她覺得自己的地位被新來的嬰兒取代了，而她一點也不喜歡。

蠻橫是她表達難過的方式。她覺得被人拋棄了、丟到一邊，當我們寵愛新來的寶寶，對寶寶輕聲笑語時，她覺得自己被遺棄了。

她覺得父母不愛她了，她覺得被人忽視了。當孩子在父母身上經歷到這種情感上的忽視時，被遺棄的深深恐懼就會襲身，變成蠻橫行為的一種驅動力量。

對孩子來說，沒什麼比失去父母的愛更具毀滅性的了。這種感

覺對安全感的侵蝕太快了，可以迅速顛覆他們的情感核心。

　　而現在對她的焦慮已經有所了解的我，決定不再回應她蠻橫的行為，而是把事情導入正途。

　　下次當她再出現蠻橫行為時，我會按下暫停鍵。我不會回應，而是去問自己：

　　「她心中被挑起什麼感受？」

　　「在這個時間點，她是為什麼產生這種蠻橫行為的？」

　　「是什麼導致這種行為的發生？」

　　我沒去遺棄她，而是將所有精力拿來了解她、對她的感受產生同理心。

　　不要犯錯。但是不犯錯這種事不是天生就會的。對她的蠻橫行為不要回應、不要挑起激化需要很大的力量。這是許多自我掌控戰役中的第一場。

　　我花了一些時間來收集想法，平靜的問，「讓妳感到困擾的到底是什麼事？我從妳臉上看得出來。是什麼呢？」

　　她把眼睛轉向別處，眼中凝聚出挫折的淚水。

　　「請妳告訴我，」我說，「我想知道。妳不說，我怎麼會知道呢？我想要幫妳。」

　　最後，在幾次失敗的嘗試後，她終於爆發了，「你愛……（啜泣）……小寶寶……（啜泣）……比較不愛我！」然後哭了出來。

　　「妳這麼以為嗎？」我問她。

　　她點點頭，把臉埋在我的肩膀上，哭到上氣不接下氣，用那種

讓父母心碎的方式。

　　當我對她蠻橫行為的反應改變之後，她也改變了。我們早晨相處的時間鋪起了一條路，讓她再次感受到被愛、感受到重視。<u>當她覺得被理解後，就不再透過蠻橫的方式來表達難受，她可以用言語直接把造成困擾的事告訴我。</u>

　　用愛與同理心來回應她蠻橫的行為，一切都改變了。她覺得自己被了解、被接受的程度愈高，性情就愈穩定。沒多久，就不需要做出任何蠻橫行為了。

 ## 如何使用本書

　　除了我二十年來在親子方面擔任心理治療師的經驗外，本書用到的所有工具、在後面章節中對管教提出的所有建議與指南，都是來自於我親身的經歷。我使出渾身解數，盡一切努力來說明，被蠻橫對待的父母面對的所有共同挑戰。

　　很多父母親是帶著遺憾去回顧他們早期管教方式的。

　　「真希望我以前就知道現在了解的事。」

　　與其希望回到過去，我們倒不如一起攜手向前。

　　想要多多了解自己的兒女，最快的方法就是從多了解自己開始。你童年的經驗、想法與感受、衝動與行為，全都是讓被蠻橫對待的家長感到迷惑的拼圖片段。透過這次的旅程，我們要來探索過去的點點蹤跡。

　　❥　你在孩子這個年齡時，對父母親是什麼感覺？

　　❥　你父母什麼地方做得好，什麼地方沒做好？

❧　當你孩子蠻橫對待你時，你有特別想起過去的什麼嗎？

過去的經歷塑造了今日的管教方式。你渴望能終結孩子蠻橫行為的解決之道不會出自對孩子的控制，而是出自於你的自我掌控與正念。

在本書中，我不會建議你去做任何我未親自行過的事。不曾在我管教子女時使用過的方法，我也不會推薦。

要讓你從被蠻橫對待的家長囚牢中脫身是一項艱難的工作，不會一覺醒來就發生。不過，隨著一個個突破，你獲得的自由會愈來愈多，對自己和子女的了解也愈來愈深。你會驚訝，你們親子之間有多麼相像！

在開始之前

要在蠻橫的行為戰爭中取得勝利，你必須培養出全新的意識層次。從過去承繼而來的，有意識或是無意識的情緒包袱——尊重問題、恨意、羞恥、恐懼、焦慮、自我忽視的習慣沉重地躺在你與孩子中的洪溝裡。不考慮自己過往的經歷就貿然投注精力，妄想改變孩子，無異是緣木求魚。

在開始之前，我們先來看看接下來各章的內容。

第二章：我可愛的乖孩子怎麼了？

在第二章中，我們要來仔細看看兩大勢力，也就是孩子的情緒發展與你過往經歷之間互相角力的情形。

我們會先從兒童發展的基本入門情況著手，之後迅速的檢視每

一個發展階段可能出現的特有問題。每一個階段裡都有一個測試期，在這期間裡孩子會挑戰父母的權威。而父母處理這些測試期的方式通常會決定孩子是否會出現蠻橫行為。我們將討論四個發展階段：

❶ 幼兒期與學步期

❷ 小兒與學齡前兒童

❸ 學齡兒童以及十歲以下兒童

❹ 十多歲以及十八歲小大人

我們會把一些立即可採取的步驟以及需要長期介入的方法整理出來，讓你在家也能了解蠻橫行為。

第三章：預防累癱的教養策略

在這裡，我們要開始來了解，你個人的不安感是如何影響你管教方式，並侵蝕你領導力的。我們來看看最可能被蠻橫對待的父母，他們過去的經歷：

❥ 曾被自己父母蠻橫對待過的家長

❥ 父母不在身邊或是忽視小孩

❥ 有自戀毛病的家長

我們會去探索，為什麼忽略自我會讓你在為人父母時沒有效率，並助長孩子的蠻橫行為。我們會把「預防父母累癱的清單」提出來，讓你能重獲力量與信心，挺身站在孩子的蠻橫行為之前，給孩子他們渴望從父母身上獲得的領導力。

☺ 第四章：了解孩子的蠻橫型態

在第四章中，我們要來了解讓蠻橫行為持續發生的原因。我們會去看看三種最常見的蠻橫型態：

❶ 挑釁型

❷ 焦慮型

❸ 操縱型

當我們把這些獨特的蠻橫型態逐一介紹過，就可以來仔細觀察導致這些行為的下意識力量。只要抓住這些力量，就能開始把孩子的「想要」與「實際需要」區隔開來。

接下來，我們要進入有家有蠻橫小孩的門戶裡，看看這些行為如何影響一個家庭。我們會觀察家長的個性與過往經驗如何與孩子的蠻橫行為型態及性情糾纏在一起。每種情況最後都會以建議策略，與我諮詢室中窺得的奧妙來作結，幫助大家找出能讓父母終止子女蠻橫行為、重新恢復家中平衡的策略。

☺ 第五章：助長蠻橫行為的管教形式

下一步，我們要把注意力轉到受孩子蠻橫對待的家長身上，了解為什麼他們會容忍孩子對自己耍脾氣。

我們要來看看三種最容易引發孩子蠻橫行為的家長：

❶ 罪惡感型父母

❷ 焦慮型父母

❸ 萬事有我型父母

透過例子與真實生活的狀況，我們可以看出蠻橫行為的複雜性，以及為什麼好家長會養成壞習慣。我們要一起來揭秘，了解被蠻橫對待的父母共通的內心掙扎，並找出為什麼持久的解決方案來自於更多的正念。

💟 第六章：設計專屬的教養百寶箱

在第六章中，我會幫助你根據自己獨特的身分與過往經歷，設計出屬於您個人的教養百寶箱。我會和你分享三個指導方針，在終結蠻橫行為時加強你的信心、讓你穩如泰山。

❶ 堅持願景。

❷ 為自己的行為負責。

❸ 管理情緒。

每一項工具都是出自於對自己更深層的了解。每一項都能幫助你在氣昏頭時做出更好的選擇。我們要一起，根據你孩子特定的蠻橫行為，設計出專有的回應方式。

💟 第七章：組成終結蠻橫的支援團隊

要終止家中的蠻橫行為，你需要凝聚適當的支援。在第七章中，你將會學到如何組成一支反蠻橫團隊。我們會探討四個重要步驟，來強化你的管教方式。

❶ 和配偶或伴侶聯合陣線。

❷ 把親友列入支援名單。

❸ 讓校方人員參與。

❹ 和心理健康專業人員談談。

受到孩子蠻橫對待的父母常會把自己隔絕起來，或是覺得對置身的狀況十分羞愧。要加強解決問題的力量，一勞永逸的終結蠻橫行為，請其他人士一起加入是相當關鍵的一步。

😊 第八章：7 種引發蠻橫行為的教養危機

有時候，蠻橫行為是慢慢出現的，會經過一段頗長的時期，有時卻彷彿是在一夜之間爆發。這其中，許多都是被具有摧毀孩子安定性的破壞事件引發的。

我們會來審視在家庭中常見的七種教養危機，並了解這些危機具有哪些引發蠻橫行為的潛在可能。

❶ 疾病及受傷 / ❷ 心理創傷 / ❸ 離婚 / ❹ 領養 / ❺ 經濟的不穩定 / ❻ 學習問題 / ❼ 死亡

本章會在事情發生之前，提前指導遭逢變故的家庭該如何度過這些相當困難的情況，幫助孩子取得情緒上的平靜，不再借助蠻橫的行為來紓解壓力。

指引迷津的教養日誌

你心裡可能在想：我們要如何開始進行管教上的大改革呢？

許多父母親發現，教養日誌在幫助他們擺脫舊有的模式、開啟管教的新途徑上，發揮了很大的作用。日誌能強迫你花時間去自省，更深入的去思考為人父母者在管教上的選擇。最重要的是，日誌在幫助你打破會引發衝突、助長蠻橫行為的反應習慣上，作用極大。

我們鼓勵你把想法、感受、和記憶都寫入日誌裡；你將從過往的經驗裡去挖掘親子問題的根源。你也會被要求要設定目標、把突破記錄下來。

寫下目標可以幫助你保持專注，特別是當你心思開始漂浮不定時。目標就像一副羅盤，在你迷失方向時非常方便。目標可以讓你在遇上暴風雨的時刻也能安穩定錨，堅持到底。

想怎麼稱呼你的日誌由你決定。很多父母親稱日誌為「我的管教力筆記本」。一位離婚的老爹稱日誌為「胡言亂語氣炸本」。另一位單親媽媽則把日誌取名為，「亞特之道」，這是跟著她最喜歡的叔叔取名的。在起身去寫日誌前，她常常會說，「我要花點時間去陪我的亞特叔叔了」。

你們有些人對寫日誌會心存抗拒，這是無庸置疑的。

「我沒時間寫日誌啊。」

身為父母親經常忙翻天，的確如此。不過花時間寫日記獲得的回報是數不盡的。能讓你更留意自己管教的方式、帶領你走入兒女問題的深層、透過消除衝突，讓你得以減少蠻橫行為。

「我不是那種會寫日誌的人。」

好吧，或許寫日誌這種主意對你來說太假了。我知道了。那麼只要好好把問題想清楚，在記事紙或本書的頁邊上把反應記下來就行了。重要的是，你開始用新的眼光來思考你的管教方式。

「聽起來一點都不自然。我幹嘛做得這麼辛苦？」

我在接下來幾章中對你的要求肯定不會讓你覺得自然。你想掌握任何新的技巧，就必須下功夫練習。要成為一個有效率的家長也是如此。

日誌對於你個人的自我開發、自覺、自強而言，都是一個基本工具。最重要的是，可以當做你走出被蠻橫對待家長世界的一個指引。

寫日誌的小祕訣

每天排出一點時間，留些安靜的時刻給自己。對不少父母來說，清晨寫日誌時間最好，那時太陽還沒出來，孩子也還沒把家中脆弱的平靜震得粉碎。當你獨處時，盡可能擠出一點有品質的時間來寫日誌，利用孩子在學校、或去朋友家玩的時間也可以。

家長常有墮入反應迴圈的傾向——把灑出來的東西擦掉、解決口角、準備中午的便當盒、去銀行繳交學費單——工作似乎總是一個接一個、危機也是一個接一個。被子女蠻橫對待的家長經常只是在做反射動作而已，不動腦子的為孩子的事情忙碌，把自己折磨得陷入永無止盡的疲憊狀態裡。而最糟糕的則是：你愈是如此，孩子就愈會欺凌你，對你無比蠻橫。

♥開始動手寫教養日誌

　　當你找出一些時間給自己後，把所有的科技產品都關了吧。沒錯，關掉你的手機、網路、MP3 播放器。把干擾降到最低。要強化你的管教之道就先從強化你的用心開始。承諾寫日誌就是承諾去蓋起一個堅固的情感核心，讓你能低頭去面對自己的缺乏安全感，站出來處理孩子的蠻橫行為。

　　一旦著手開始寫了之後就別停手。不要想太多，不要回頭去查詢或編輯。只要往前記下去。

　　準備好了嗎？我們出發了！

教養日誌

♠ 你和孩子之間最嚴重的三項爭鬥是什麼？

_____

♠ 是什麼事情導致你孩子出現蠻橫行為的？

_____

♠ 當 _____

對我孩子來説，是那天中最嚴重的時候，孩子出現蠻橫行為的傾向最大。

♠ 每當我們討論到 _____

時，我孩子就會開始出現蠻橫的行為。

♠ 你行為的方式會讓蠻橫行為更加惡化嗎？

當我 _____

時，就會引發衝突。

當我 _____

時，總是會後悔。

當我 _____

時，我的孩子最生氣。

我的教養日誌

Chaper

2

我可愛的乖孩子
怎麼了？

事情總是這樣的。當父母的在震驚的狀態下來到我辦公室，百思不解為什麼他們可愛的乖孩子會化身成為家中的暴君。

想更了解這種蠻橫行為的根源，我們先來了解一些基礎的兒童心理學，知道那些權力鬥爭與測試期是如何伴隨發展階段出現的，它們都有轉化成蠻橫行為的可能性。

 ## 了解孩子的心理發展

在每個發展階段，孩子都要和新的技巧與能力搏鬥。學習走路、使用語言、或寫字，這些對小傢伙來說，都是要費力奮戰的。

如果一個階段進行順利，在一段激烈的奮戰並持續努力後，終會迎來突破。這種突破降臨的方式是以改變一切的個人勝利形式出現的。在短到令人訝異的時間裡，孩子就會拋棄原有的做事方式，決定持續往前進。舉例來說：

- 剛才學會用湯匙自己吃東西的寶寶不再想被人餵食。

- 搖搖擺擺學會走路的孩子對爬行這個動作就失去了興趣。

- 剛拿到駕照的十幾歲孩子，馬上就把腳踏車冰進車庫裡。

孩子每掌握住一種新的技巧，成熟度就會大幅躍進。他喜歡掌控的感覺，因為自己的能力躍進而感受到強烈的喜悅與信心。他更強壯，也更有力了。

當然囉，當孩子達成這些個人的里程碑後，父母親自然是為他們歡呼雀躍的啦啦隊隊長。孩子接受了父母的掌聲與讚美後，會更有動機繼續為掌握更多能力去努力。

而從這裡起，事情就開始有點複雜了。

 ## 渴望獨立而助長衝突

伴隨掌握力而來的是對獨立的更大渴望。換個方式說，孩子會開始拒絕父母的支持。舉例來說：

- 學會自己吃東西的寶寶會用力把爸媽的手推開。
- 已經學會走路的小孩在爸媽想伸手協助時，會大聲亂叫。
- 拿到駕照的十幾歲孩子不想父母坐在車上。

孩子渴望更多獨立自主的掌控力，這股力量讓他們因為衝動和缺乏經驗而變得複雜。他們不知道自己的極限在哪裡；他們不知道何時該停下來，何時該前進；他們未必知道什麼是對自己好，什麼又是不好的。不過，有一件事，他們倒是知道的，就是不想要父母老是在身旁打轉。

既然孩子都沒做好準備，無法在沒有成人的監督下生活，那麼每一位父母自然要攬下這種不受歡迎的差事，違背孩子的心願。要當個好父母，卻不想經常說「不」字，是不可能的。

以下就是意願之戰的開始。

 ## 挫敗感轉化成蠻橫行為

孩子不喜歡聽見「不」字，尤其是來自父母口中，這是法則。當父母親不讓孩子得到所要時，孩子就會心生困惑。

「我父母幹嘛毀了我的樂趣？」

「他們看不出來，我能自得其樂嗎？」

「他們幹嘛擋我的路？」

孩子不了解父母是在保護他們。這感覺像在禁止，所以他們不喜歡。

親子衝突是必要的

對限制進行反抗是人的天性。沒有孩子喜歡父母攔阻他們追求想要的事物。換句話說，孩子和父母會互相衝撞，這是本質。事實上，這也正是為什麼所有健康的孩子一定要進入與父母的戰爭裡。

親子爭戰是天生自然的，也是必要的。這是孩子得以開始定義自己和父母之間差異的起點。他們有自己的念想和需要，有屬於他們自己的興趣。孩子太順從父母或對父母的抱怨太多，在生活中都會缺少自信和自我定義。

在每個發展階段中，孩子都會出於直覺的去對抗父母的限制。

- ➤ 當父母把小孩綁在嬰兒車上時，小孩會和父母對抗。
- ➤ 到了上床時間，學步兒會從父母身邊跑開。
- ➤ 十幾歲的孩子會和父母在家事和宵禁上發生口角。

當父母親把自己的意願強加在孩子身上時，就會爆出火星。這些衝撞是無可避免的，但對教養而言卻是重要的一部分。每個好父母事實上都會在孩子的青春叛逆期間，和他交戰。

☺ 當孩子測試父母的底限

在父母設下限制後，我們就進入重要的時刻。孩子會開始測試，看看在滿足願望一事上，父母的極限能被逼到哪裡。他的意願和父母親不合，親子衝突就要開鑼了。孩子想道：

「如果我尖叫非要不可，老爸會屈服嗎？」

「如果我哭的話，就會照我的意思來做嗎？」

「如果我裝裝樣子，媽媽會投降嗎？」

當這些測試發生在公眾場合時，要轉開眼不看是不可能的。你心裡會想：

「誰會先退讓？」

「誰會贏得這次的戰爭？」

「誰會妥協？」

當父母親維持堅定態度、拒絕讓步，不屈服於要求，許多孩子會把衝突提高到另外一個層次。

這裡，我們已經來到引爆點了。

☺ 當測試期轉成蠻橫行為

從學齡前到高中期，測試期間一直是所有親子關係最主要的衝突點。這是測試的時間，孩子秀出他們稚嫩的肌肉，測試父母的忍耐度。

當孩子開始對你蠻橫，你會……

▶ 投降，把他想要的給他嗎？

▶ 堅守立場嗎？

▶ 欺凌回去嗎？

好了。我們先在這裡暫停一下，花點時間來記住，父母也是凡人。他們的日子有好有壞，好的時候，他們很有幽默感、彈性大，有無比的耐心——或是，至少足夠的耐心。日子不好時，他們脾氣暴躁、容易發火，有時，舉止跟小孩沒兩樣。

孩子和父母親戰，父母親和他們自己戰。

「我要投降嗎？」

「我要處罰孩子嗎？」

「我要去談判嗎？」

這些測驗期有多重要？你如何處理，完全決定以後孩子會不會對你蠻橫。

我們來檢視一下最典型的測試時刻，並且思考一下最常見的三種管教反應。

3 個治標不治本的策略

漫長的一天終於結束，你剛從工作崗位上回到家，筋疲力竭。打開電視後，你癱在沙發上，剛好看到最喜歡節目的尾聲。你品嘗

著這安靜時光。

就在這時候，你家孩子開始發出嗚嗚的哭聲，而且持續不斷。他想在吃晚餐前先吃一片巧克力蛋糕。你跟他說，不行。

「你答應過的！」他求道，「你說過你回家以後我就可以吃的。」

你告訴他，晚餐後才能吃。他站在電視機前面，「我現在就想吃。現在！」

你閉上了眼睛，吸了一口氣。或許，你還數到 10。但是你家孩子扭開了聲量，「你騙我！我一天都在等你！我恨你！你是笨蛋！」

好，定格！這個測驗時刻轉成蠻橫時刻了。你被言語攻擊，被自己的孩子降低了身分。

你怎麼做呢？

一般來說，父母在這種時刻都會選擇以下三種反應之一：**投降、處罰，或談判**。

反應 ❶ 投降

不是所有戰爭都值得去打。投降，給孩子他想要的有時候是個好選擇──尤其是當你很希望給自己片刻安寧時。

不過，當測試轉變成蠻橫時──絕對不能屈服於孩子的要求之下！這樣做就等於獎勵了小孩糟糕的行為。在孩子需要被教導時，傳遞了錯誤的學習訊息！

每次當你對孩子蠻橫的行為投降時，你等於送他一個直白簡單的訊息──蠻橫有效！所以下次當他因你設下的限制而感到挫敗時，就會利用蠻橫來取得想要的東西。畢竟，你已經讓他嘗試過，只要他逼得夠緊，你就會投降。

💜反應 ❷ 處罰

當孩子對你施加蠻橫行為時，你很難不反應，並欺凌回來。對於孩子攻擊性的行為，父母親在個性上擁有力量，能去對抗將孩子攻擊行為反射回去的衝動，是一種技巧，很少是與生俱來。這和其他所有型態的自制力一樣，是需要後天培養的。

失去了冷靜、大吼大叫，用嚴厲的處罰來對付孩子都是反向的欺凌行為，會在家中製造出蠻橫或欺凌的文化。

透過嚴厲處罰手段在親子戰爭中取得勝利的父母，事實上勝利的果實是苦澀的。在這種情況下，有人勝有人敗，有人歡喜有人愁。

一直被處罰的孩子會開始蔑視他人、滿心怨氣。這種情況一旦發生，更嚴重的行為問題就會出現。舉例來說，孩子會：

- ❥ 愛挑釁、唱反調，直接或間接透過沉默來抵抗。

- ❥ 把挫敗感往心裡藏，人變得壓抑或焦慮。

- ❥ 蠻橫的行為更激烈，衝突升高，打亂全家人的正常秩序。

💜反應 ❸ 談判

好了，你家孩子開始有點軟化了。作為一個心存正念的家長，你可以花點時間來考慮一下可以做的選擇。你想嘗試了解孩子的想法：他等你和他的蛋糕等了一整天，然後，你終於回家了，不僅沒和他打招呼，還倒在沙發上，打開電視忽略了他。

你了解了：他很難過，也有權利難過。所以你決定要打一下折。你現在先給他一半，另外一半飯後才給他。

- 在這種時刻，這樣的談判是最好的選擇嗎？

- 如果他討價還價呢？

- 假設他繼續蠻橫下去，要求要一整片蛋糕呢？

　　談判在現代教養中是很受歡迎的選擇。找出衝突之中，和孩子的共同點是個不錯的主意。你讓一點，他讓一點，那麼每個人都開心了。對嗎？對也不對。

　　當測試轉變成蠻橫時，談判就不必考慮了。發生蠻橫行為時，你還談判，根本就是助紂為虐，為日後不斷的衝突設下一個舞台。就和投降一樣，談判等於在獎勵蠻橫行為，訓練孩子，蠻橫有效。下次當孩子因為你設下的限制受挫時，就會回頭採取蠻橫的行為，因為蠻橫之後就可以談判，談判就可能得要想要的東西。

　　談判另一個缺點是：孩子可能會開始認為每件事情都是可以談判的，就算是好的行為也一樣。那麼一來，做事情不是因為自己，以及做完後獲得的的良好感覺，而是為了獎勵。舉例來說：

- 女兒要求，她幫自己鋪床要你付錢。

- 兒子希望他做好功課能獲得獎勵。

- 孩子成績好時，要求你給他現金。

　　良好的行為絕對不能用來作為交易。用要求獎勵來交換個人的成就感，孩子會失去獲得尊重的機會。這樣孩子不但不能養成自立、自律的行為，還會繼續不成熟下去，以綁在父母身邊為滿足。

3 個立即有效的步驟

　　你剛剛學到投降、處罰、和談判就長期來看，都有缺失。這些策略可以暫時紓解蠻橫的癥狀，但是治標不治本。

　　在我們更深入去探討問題之前，先來看看在遇上蠻橫行為時，你立即能採取的重要步驟：**降低衝突、確認感受、以及讚美優點。**

☺ 步驟 ❶ 降低衝突

　　在發生蠻橫行為時，父母親太常衝動回應，將衝突升高。當父母的大吼大叫或處罰孩子，讓壓力程度提高，蠻橫行為變得更嚴重。在這種時候，保持冷靜的態度及領導力是很重要的。不要被動去回應，或是產生無意識的自動反應。保持立場，不要有太大的情緒起伏。

　　如果衝突已經被激起，按下暫停按鈕：休息一下，讓大家有機會冷卻情緒。孩子挫敗感很強烈時，說什麼道理都沒用。事實上，跟他們講道理，只會更加深他們的挫敗感。

　　能安靜下來一段時間，把思緒收拾起來，讓你的心境重新平衡，對你和孩子都有莫大的好處。能夠的話，你可以離開房間，或出去靜靜的散個步。呼吸一些新鮮空氣，讓雙方都有時間可以平靜下來。在試圖與孩子講和之前，先找到屬於自己的心平氣和。然後當事情平靜下來後，你就可以用正念去思考該採取哪些行動。

☺ 步驟 ❷ 確認感受

　　確認一下孩子的感受是絕對錯不了的。

「我知道你很挫敗。我何嘗不是呢？」

「我看得出你很難過。給我十分鐘安靜安靜，讓我想一想。」

「我們都先去找東西來吃。這樣我們兩個都會好受一點。」

孩子的感受被了解後，就會有正面的反應。會立刻開始冷靜下來。

在暫時休止的時候，問問自己，「孩子會產生蠻橫行為，原因可能是什麼？他累了嗎？餓了嗎？覺得被人忽視了嗎？對大家來說，今天是不是又長又累？又或許，他花了太長的時間在玩電腦遊戲，或在網上逛？

蠻橫是一個結果，一定有潛在的原因在裡面。想想看，讓孩子如此易怒的事情可能是什麼。協助他把心裡的話說出來，確認他的感受。

「我知道你在生氣；你是有權生氣的。」

「你覺得受了傷。你憤怒是因為我沒把你想要的給你。」

「我們別鬥了，來試試新的方法吧。告訴我，你為什麼這麼憤怒？」

要鼓勵成熟的溝通方式。覺得被你了解能解除孩子的挫敗感，重新改變轉化為蠻橫的時刻。

請記住：給孩子他們需要的，而不是想要的。學習在挫敗時如何有效溝通，比當下孩子渴求的任何東西都還重要。投降、處罰和談判剝奪了孩子與挫敗感搏鬥、並進而掌控它的機會。清楚的讓孩子明白，蠻橫的行為是絕對不管用的。

「只要你還在對我大吼大叫，我就不會理你。」

「蠻橫的行為不會讓你得到想要的東西。」

「你可以做得更好。你那麼聰明，不必當個蠻橫的孩子。」

♥步驟 ❸ 讚美孩子的進步

做好決定後，堅守立場。不要再回頭看，以免孩子有機會去測試你、壓迫你，希望獲得更多。在整段過程中，一定要讚美孩子的優點。

「我喜歡你現在和我講話的方式。」

「我知道這對你滿難的。能這樣把自己表達出來，我以你為傲。」

「你做得真棒！你真的愈來愈成熟了。」

強調孩子的優點會提高他的信心，以更成熟、而不是蠻橫的方式來溝通，讓你們收穫更多。

 ## 重訪「鬆餅時間」治療法

雖說我們那每週的早餐相聚極具戲劇性的改善了我與女兒的關係，但是還是有一些事情得去做。

從許多方面來說，讓步、處罰或跟她談判會容易些。但這些作法，無一能引出她潛在的感受。現在我們把三個步驟套用到她發生蠻橫行為的那一刻，看看結果有何改變。

面對她的難受，當我保持鎮靜以對時，兩人間劍拔弩張的緊張程度就降低了。我花了一點時間去思考她之所以言行惡劣的原因。我問自己，她如此氣惱，可能的原因是什麼？知道她難過是因為初來乍到的小妹妹獲得了我們所有的注意力後，我故意將對話導引到另一個更新的成熟階段。

確認她的感受對她有鎮定的效果。把我所有的注意力給她，並盡全力去了解她後，我就能幫她把更深層的難過情緒表達出來——她覺得自己被忽略了，沒人愛她了，並把她的不安感用語言敘述出來。將挫敗感訴諸言語，和自我表達角力，對她有成熟的效果。

換句話說，她能夠超越自己蠻橫的衝動，表達出藏在那後面的傷害。如果我當初投降、處罰、或是和她談判了，我可以解決她的挫敗感，但卻否決了她在情緒上成長的機會。

挫敗感是成熟的能源。當我們授權讓孩子管理自己的挫敗感，並將其成熟的表達出來，蠻橫的行為對他們來說就不那麼令人滿足了。

 ## 治療蠻橫行為的長期步驟

好了，就現在來看，你已經解決了孩子的蠻橫行為，終止了立即發生的衝突。不過，一個更大的問題出現了：為什麼一開始，你的兒子或女兒會對你使出蠻橫的行為呢？

請記住，蠻橫是更深層問題的徵兆，是隱因產生的果。要深入根部探討，第一步就是迅速評估一下孩子的生活方式。

很可能是孩子的生活中缺少了什麼。要緩和蠻橫行為，防止它再惡化，我們從 5 種健全社交＆情緒發展的基本需求上來看看，研究可能缺少了什麼（**本查核單在我的教養研討會上非常受到歡迎。**）

孩子健全社交及情緒發展的基本需求

- ☐ 找到壓力的抒發口
- ☐ 建立自尊
- ☐ 設下規矩、限制以及分寸
- ☐ 尋找好的老師、模範及監督者
- ☐ 使用學習診斷

😊 步驟 ❶ 找到壓力的抒發口

研究顯示，做三十分鐘的有氧運動、每週三次或三次以上，最高可以降低百分之七十的焦慮／憂鬱症狀。百分之七十！

運動會分泌腦內啡（亦稱安多芬或內啡月太），這是一種會讓腦子「覺得舒服」的化學成分，有助於降低焦慮及憂鬱感，這兩項正是造就蠻橫行為的兩大主因。孩子緊張的壓力如果能得到經常性的抒發，感覺就會變好，思慮清楚、運動之後的睡眠也較佳，因為體內的壓力都被卸除了。運動也會讓心跳變快，讓新鮮的氧氣打進血液中，提高孩子的新陳代謝能力。

壓力有抒發口的孩子自我感覺也較佳。對於蠻橫行為和對父母態度不佳的事情，興趣較低。

說到運動，或許你心中想到的就是上有氧運動課，或是找私人教練上受罪課。你或許正想著：「我到底要怎麼叫孩子上健身房啊？」

所有能讓你家孩子動起來的事，都是往正確方向踏出了一步。

從任何地方開始都好。如果不能加入田徑隊或球隊，還是有許多非競賽型的運動可以選擇，像是騎單車、登山、跳舞、做瑜伽、打太極拳、或學武術。你甚至可以從一起散步開始。

當一個年輕人踏進我辦公室時，我一眼就能從他的肢體語言和情緒，看出他生活中的壓力是不是有出口。壓力沒有抒發口的孩子比較嚴肅呆板，身體和情緒上都一樣。你可以看到存在他體內的壓力——那些透過對父母進行蠻橫行為後得以卸除的壓力。

教養案例：愛玩遊戲的泰瑞

泰瑞從學校回家後就登入他最喜歡的遊戲網站，開始大玩特玩幾個鐘頭。之後，他的情緒比玩之前更糟了。他愛胡思亂想、脾氣急躁，毫無悔意的頂撞母親，拒做家事、不寫功課，甚至連澡也不洗。

分析

電腦遊戲對孩子情緒造成的影響取決於他的性情和活躍程度。如果你的孩子朋友很多、有進行有氧運動鍛鍊、有正面且具有創意的抒發口，玩遊戲很可能不會影響他的情緒。但如果孩子以上這些都沒有，卻把所有時間都花在遊戲上，你就該有惹上麻煩的心理準備了。

除了遊戲廠商，沒有人會從漫長的遊戲時間裡得到好處。事實上，很多遊戲還會讓玩家的緊張和壓力程度提高。如果沒有運動作為抒發，對父母行蠻橫之事可能成為孩子們紓解壓力的主要方式了。

孩子花在遊戲世界的時間愈多，對於所生活的世界興趣或耐心

就愈低。除了對立即獲得的滿足感迷戀不已外，社交的隔絕、個人雄心壯志的降低，都開始讓重度遊戲玩家看起來像是上了癮。

遊戲玩家泰瑞肯定是拒絕運動的，不到高一的他已經接近肥胖的邊緣。此外，他身體並不健康，過重的體重對他的自尊和同儕關係都有可怕的影響。

在我和泰瑞的父母親見過幾節時間後，他們同意，是該限制他遊戲時間了，他必須動一動。運動已經成為一個必須，不再是個選擇。

改變

在多次失敗的嘗試後，泰瑞的老爸（本身也在和體重奮鬥中）開始在晚餐後和兒子一起散步。一開始，兩人在沉默中走著，泰瑞心不甘情不願的遠遠落在後方。不過，漸漸的，他開始談起他在學校中的努力，關於學校的這部分，他通常是神祕兮兮的。在當父親的傾聽他說話後，他把自己高中時代的困難經驗和兒子分享，確定了他的感受。

自此，泰瑞和父親親密了很多。他覺得自己被了解、感受也被確認。花時間散步降低了兩人間的衝突、卸除了壓力，而泰瑞的父子關係也重新扎了根。

泰瑞的父親回憶道，「一開始我還想，一起散步能有什麼幫助呢？然後，我注意到泰瑞情緒上的改變。他變得比較快樂，也比較合作。一天晚飯後，他真的跟我說，「嘿，老爸，我們早點出發吧。我今晚想多走幾條街。」

真正的突破發生在泰瑞對上擊劍課表示出興趣時。決鬥的擊劍術語——進攻、攻擊——聽起來和他深愛的電玩遊戲非常類似。在上過搖晃不穩的擊劍簡介課程後，泰瑞欲罷不能。他甚至問父母，能不能報名上更多的課程。

泰瑞的教練很快就成為他重要的監督人，他建議泰瑞開始在比賽中鬥劍。出乎大家意料之外的是，泰瑞居然同意了。

結果

在短短的時間內，泰瑞的脾氣改善了，幽默感也回來了。如果他父母的立場不夠堅定，這些事絕不會發生。他們給了泰瑞他需要的（壓力的出口），而不是他想要的（更多玩遊戲的時間）。

在幾個禮拜之中，泰瑞的蠻橫行為已經不再成為問題。他對自己的感覺變好了，結果對父母的態度也變好。

步驟 ❷ 建立多項自尊來源

每個孩子都需要三到五項自尊的來源——來自於活動、天賦、嗜好的自尊，讓他能引以為榮的個人驕傲。不具多種自尊的孩子，比較容易產生蠻橫的行為。

所有蠻橫的行為都與自尊問題有關。這正是為什麼幫助孩子仔細審視並發展出他獨特的天賦、技巧以及熱情如此重要。如果孩子只有一項自尊來源，那麼他將生活苦難阻絕於外的的能力就沒那麼強。當他在某項特別的事情上栽跟斗時，他的自尊就會全盤崩潰。沒有哪一個孩子的全部自我價值應該從單一來源產生。有許多自尊來源的孩子比較不會出現蠻橫的行為，也能把生活裡的高低起伏管理得較好。

說到讓孩子產生自尊的活動，找找看孩子對什麼事情表示過興趣，無論是運動、攝影、藝術、音樂、設計或任何活動都行。如果他對任何事都興趣索然，你就得好好再注意看看，直到找出來為止。就算他說不要，也不表示你義務盡完了。態度要堅定、主導、繼續探索其他的選項。

教養案例：精力旺盛的史蒂芬妮

　　就讀中學的史蒂芬妮是老師眼中的大挑戰。要她乖乖坐在位子上很難，她總是不斷的站起來又坐下，講話、在教室四處走動。當老師限制她的行為後，史蒂芬妮開始搞破壞，變得愛發牢騷。

　　史蒂芬妮作亂的精力讓父母也疲於奔命、筋疲力竭。他們什麼手段都試過了——投降、處罰、談判。在她房間裡、冰箱門上高掛行為規章，用貼紙獎勵她的良好行為。他們甚至幫她報名去上行為矯正班。不過，這些似乎什麼都不管用。

分析

　　解決之道就隱藏於最不顯眼的地方。

　　史蒂芬妮喜歡看舞蹈表演。她會在電視機前坐上好幾個鐘頭觀賞舞蹈比賽。不論是嘻哈、現代舞、宮廷舞、芭蕾舞、踢踏舞，或是爵士舞，只要是舞蹈，史蒂芬妮就有興趣。她可以安安靜靜的坐著看上幾個鐘頭，還常會起身，模仿舞者的動作。

改變

　　一位指導老師建議史蒂芬妮去報名參加當地青年中心開的舞蹈班課程。她去報名了，人生也從此改變。她的母親回憶道：「去看史蒂芬妮上第一堂課時，我屏住了呼吸。我以為她會像平時那樣充滿破壞性，但是她在那個班上，是個完全不同的孩子。她忍不住頻頻微笑、她行為良好、注意力很集中。之後，我幫她報了一禮拜三次的課程。」

　　當史蒂芬妮找到她喜愛的事物，一件她讓引以為傲、給她帶來驕傲的事後，一切都改觀了。舞蹈給了她一個框架，讓所有被鎖住的精力有一個非常正面的抒發口。舞蹈給了她自尊。史蒂芬妮在學業和社交上都做得更好了。她的舞蹈老師也扮演了一個非常好的示範色與監督角色。

結果

　　蠻橫給孩子帶來的是生活上的空虛。請給孩子一些正面的東西來發洩精力。給他們能建立自尊的活動，你會非常驚訝，蠻橫的行為會在多短的時間內開始消退。

😊 步驟 ❸ 設下規矩、限制以及分寸

　　規矩、限制及分寸是父母親用來幫助孩子養成健康習性的框架。當孩子把這些規矩吸收成為自己的一部分後，就會養成組織自己思想、情感及衝動的能力。他們的時間管理會變好、以正念處理人際關係、去獲取自己想要的東西時，會去顧念別人的需求。正面的規矩、限制及分寸也有助於孩子培養更佳的判斷力與更強的道德感。

　　以下是重點：孩子並非生下來就擁有這些框架的，父母必須提供給他們。一旦缺乏健全的規矩、限制及分寸，蠻橫的行為肯定會出現。

　　我們來看看規矩、限制及分寸在預防家中出現蠻橫行為上所扮演的角色。

⚙ 規矩

　　具有一致性的作息時間表，包括了上床時間、晚餐時間、做功課的過程、家事，以及其他對於降低焦慮及孩子壓力感的活動。這些程序及工作項目看起來似乎很單調，但是卻不能棄之不理。規矩會使亂中有序，作為一種組織的力量，它可以安撫不安，幫助孩子好好照顧自己及他們周圍的環境。

✪ 限制

限制是父母親加諸在可能引發破壞行為上的約束。限制最大的目的是在衝動與行動之間插入一個用來思考的暫停時間。一般來說，會對父母蠻橫的孩子在行為上從沒受過足夠的約束，尤其是在測試期間，當他們看到自己逼迫到何種程度就能心願得遂，取得所想。

設限受到教養風格、孩子脾氣及家庭文化極大的影響。家庭文化要為孩子行為舉止的不同期望負很大的責任。有些家庭家教嚴格，主要靠尊重和個人責任感來設限。在這種文化下，蠻橫行為幾乎不會出現，變成問題。另外一些家庭則太被動，並未設下足夠的約束。在這種文化下，被蠻橫對待的父母人數極多。

不過，取得平衡是很重要的。約束過多，容易抹殺孩子的探索和想像力。約束過少，又無法培養出正念和自重的行為。

✪ 分寸

分寸關係著人與人之間的空間，以及你對你孩子在這方面處理上的教導。蠻橫的行為幾乎全是因為失了分寸，不知該止於何處，起於哪裡，結果就侵犯到個人的空間，或是去操縱別人，奪取自己所好。

分寸有兩種形式：實體上與情緒上的分寸。

實體上的分寸包括了尊重他人實體上的空間。

而情緒上的分寸則是尊重他人的感受，以及周全的溝通。

糟糕的規矩、限制及分寸都會使小孩養成蠻橫的行為。失了規矩、限制及分寸，孩子就會變得任性、無法教養。

請記住，這些框架存在的目的不是要改變或控制你的孩子，而

是要讓年輕人生嫩的力量、活力，以及魯莽的精力，有一個正面表達的裝置。舉例來說，當你家孩子的興趣和天賦出現後，努力為他找出一個框架，像是運動活動、音樂或舞蹈——任何能幫助他培養天賦和能力的東西。當他開始漸漸能掌握後，就不會對蠻橫的行為感到興趣了。這些框架可以幫助他培養出兩大技巧：順應能力與自律。

教養案例：令人羨慕的艾文

艾文老是喜歡吹噓父母親給他的自由。他沒有宵禁或家事要做，他可以待到很晚，而且父母從不過問他學校的功課。艾文可以對他父母大聲咒罵或大吼大叫，不必承擔什麼後果。他轉身離開前對父母說的話，是大多數孩子做夢都沒想到敢對父母說的。

無庸置疑，他大多數的朋友都表示很羨慕他。在他們眼中，艾文什麼都有了。

分析

有一天，當艾文不在的時候，小組裡討論了他父母給予的自由。小組裡面的成員想像，如果他們的父母跟艾文的一樣，他們的日子會有多快樂。

在多番探討後，我對他們提議：「由我來說服你們的爸媽給你們和艾文一樣多的自由，如何？」

他們發出一致的哄笑。

「耶～好喔。」

「不可能發生的啦。」

「祝好運！」

一想到他們的父母沒提供規矩、限制及分寸，他們就覺得不像話。他們說我活在幻想之中。

就在那時，一位早熟的小少女蘇西站起來說話，「我父母親絕對不會讓我和艾文一樣過日子的。」她說道。

「為什麼不會？」我問。

「因為我爸媽愛我。」

結果

父母親常把我提到的框架視為負面的東西，但事實正好相反。沒了規矩、限制及分寸，孩子覺得自己沒被疼愛。

♥步驟 ❹ 尋找好的老師、模範及監督者

沒有什麼比得上一位能啟發並鼓勵你孩子的大人更有力量的了。一位能鼓勵人向上的老師、令人愉快的教練、給予孩子支持的阿姨姑姑或叔叔舅舅，或許還有受到歡迎的家族友人──這些正面的關係都擁有讓孩子在一夕間拋棄對父母蠻橫行為的能力，讓孩子想努力變得更像這些能鼓舞他們的大人。

想想看，當泰瑞和史蒂芬妮發現他們喜愛的活動後所經歷的大轉變，這兩個孩子都從有氧運動以及自尊的提升中受益良多，但這些活動也讓他們有機會接觸到能讓他們仰望的大人──能鼓勵他們，讓他們行為精進的監督者。

監督者對孩子的信任度愈高，孩子就愈相信自己。當一位能鼓舞人心志的大人對孩子主動表示興趣，教導他讓他變得更好，孩子的未來自然更加光明，目的感也更強烈。

在幫孩子尋找模範以及監督者時，最好找在家庭日常接觸軌道之外的人。舉例來說，如果你家女兒滿眼愛心的大談她喜歡的老師，

請讓那位老師知道他對你孩子來說有多重要。

☺ 步驟 ❺ 使用學習診斷

無論何時，只要我聽到哪位受到子女蠻橫對待的父母，說起孩子在學校很懶惰或是對課業不上心時，我馬上會心存懷疑。

「為什麼她家孩子在學校不能做得更好呢？」

「到底真的發生了什麼事情？」

最可能的原因是未能診察出孩子在學習上的障礙。從前，孩子會被標上「學不會」、或是「情緒受到干擾」的標籤。但這些孩子並不是真的不會，或受到了干擾，他們只是以不同的角度看待事物。如此幫他們打上標籤是不對的，對所有的人也沒任何好處。

有些孩子在處理資訊時有自己獨特的方式，所以在學校學習有困難，特別是某些科目。他們特有的學習方式不會讓他們無法學習，只是有些特別。了解他們學習的方式，找出他們的潛能，是幫助他們在學業上取得成功的關鍵。

當孩子的學習方式與學校格格不入時，孩子在教室裡就會一直有壓力感。在放學回家之前，他們就已經筋疲力竭、煩躁易怒了，所以很可能在回家後，把壓力一股腦全倒在父母身上。

學習的障礙較可能出現在國中和高中階段，那時的學校課業難度高，閱讀、書寫和數學作業也會變得更複雜。

當孩子在課業上達不到標準時，父母通常會感到困惑。「出了什麼事？」他們心想，「我家孩子在學校怎麼會突然不及格？」

當父母親的焦慮感愈來愈嚴重時，就很容易把更多壓力加諸在

孩子身上，而孩子在學校裡已經背滿壓力，而現在回家還要再承受更多？他們還能承擔多少壓力呢？用不了多久，溝通就失敗了，父母親和孩子在課業、家事、以及其他責任上都發生了爭戰。在這種情形下，生活在過多的壓力之中，蠻橫是自然的結果。

✪ 神經心理評估

當孩子在課業上出現學習困難時，我都會推薦他們去做神經心理評估，英文是 Neuropsychological Evaluation，簡稱 neuro-psych。學校裡的心理治療師、心理健康診所、學習中心以及私人的心理健康診所都可以做這樣的評估。（第七章 「組成終結蠻橫的支援團隊」中會列出心理健康專業人員，及其專長的項目。）

簡單的說，神經心理評估是測量認知上的表現。評估通常需要十個小時才能完成，但是可以分成十節來進行。當測試完成後，家長可以得到完整的說明，了解孩子的學習方式、優點、弱點，以及生理上的遺傳史、教養結果以及性情。

在進行神經心理學評估時，心理治療師和孩子是一對一進行的，他們以一系列的測試來研探孩子處理資訊的方式。舉例來說，孩子在以下方面是否有困難：

❥ 在某些科目時可以維持注意力？

❥ 可以解讀符號或閱讀？

❥ 可以把想法訴諸於紙上？

這項全面性的測試還包括了下面各項測量：聽力、視力功能、處理速度、運動技能、智商、記憶力、說話能力及組織技巧。

測量的結果一向很管用。舉例來說，很多有蠻橫行為的小孩在智商功能及論理上分數頗高，但是在組織技巧或記憶力上就差了。

這種情形就好比一部性能卓越的車子一小時卻只能跑二十幾公里。

　　當學習上的障礙所在被查清後，就可以進行課業上的調整建議，幫助孩子在學校順利學習。這些建議可能會包括請學習專家介入、花更多時間在檢查課業上，在校時提供更多學業上的輔導，或進入特別班指導。這類的調整對孩子在學業上的表現會造成極大的差別，任何被蠻橫對待的家長，孩子在學校如果有學習困難就應該考慮。

教養案例：心碎的亨利

　　亨利在班上一直都表現得很好。他在小學時不費吹灰之力就順利度過了。

　　不過，進了中學可就完全不同了。

　　從國一到國三，亨利的成績不佳，他在家裡的情緒也開始惡化。父母跟他說話，他會回嘴，蠻橫對待他們，並拒絕完成作業。傍晚和夜間的時間，親子一成不變的會為家庭作業問題爆發爭吵。

　　亨利從一個好心又友善的小孩變成不快樂又愛欺凌人，實在令人心碎。

分析

　　亨利的父母之所以聯絡我，是因為學校的指導老師認為亨利如果能接受治療，應該會有幫助。在聽過亨利經歷過的事後，我建議他們去做神經心理評估，但是他的父母退縮了。

　　「他只是懶得讀而已。」

　　「他沒發揮自己的潛力。」

　　「他自己不認真。」

改變

　　三個月後，亨利蠻橫的行為更嚴重了，他們終於同意進行評估。結果令人吃驚：亨利在抽象推理和智商上分數高得破表，他真的很有天份。不過，他的聽覺處理與執行功能分數偏低。

　　亨利在聽力上面的遲緩限制了他處理資訊的能力，讓他趕不上班上同學的速度。在班上，他幾乎無法跟上以口講方式的指導。他的執行功能──計畫、採取主動、及完成複雜工作的能力以他的智力而言，是特別的弱。他需要一位學習專家來訓練他如何好好組織筆記，並擬定作業。

結果

　　亨利不是懶惰，也不是難搞。他之所以失敗是因為他學習上的障礙讓他趕不上班上同學。當他開始在班上使用文書處理器、請學習專家在家庭作業上幫助他、多花時間在檢查與考試上，並接受學校學業上的輔導後，亨利的成績開始進步了。他自己覺得變好了，蠻橫的行為也消失了。

✪ 評估的價格

最後提一下神經心理評估的事：評估的費用可能很高。美國的公立學校通常能免費提供學生進行評估。不過，有些學校在編制上沒有心理醫師，或是等待進行評估的名單非常長。

如果你的保險公司可以給付私人評估的費用，那麼請找一位對年輕人有專精的心理醫師，並要求要閱讀一份該專家完成的評估。一定要選擇一位你和孩子都覺得心安的專家來進行。

如果你的保險公司不給付神經心理評估的費用，而你的預算又很緊縮的時候，很多研究所或訓練機構都提供免費的測試，或是優惠價格，由接受有證照心理醫師監督的學生來執行這些測試。

學習障礙高居蠻橫行為起因的前幾名。好的心理醫師可以幫助你找出學習上的問題，讓孩子得到所需的支援與學業上的調整建議，讓他在學校能順利成功。不過，單一的介入是無法矯正孩子蠻橫行為的。要終結蠻橫行為，我們需要對孩子進行全盤考量，而不是只針對出了問題的部分。（註：台灣可至精神科或心智科進行評估。）

我的教養日誌

Chaper

3

預防耍癩的
教養策略

現在我們對孩子情緒的發展有些深入的了解了，可以來仔細研究一下，你為什麼會變成子女的受氣包。走進聚光燈下，我們將目光放到你的過去。

要回溯多遠呢？一路倒回去。我們從對你教養方式影響最大的力量開始：也就是你自己被教養的方式。你的童年裡藏著一把鑰匙，一把為什麼你讓孩子欺凌你的原因。

教養方式不是一帖通用的萬靈丹，而是一種深植的、個人的經驗。教養上的忠告並未考慮到你的身分、過往，或是太過寬廣的家庭文化，以至於效果達不到預期。就像一部配音糟糕透頂的電影，一張「教養稿」是無法適合全天下父母的千萬張口的。就如同我從自己孩子身上所習得的，無論你是否已經掌握了兒童心理學，還是對自家子女的教養策略已經有通透的了解，除非你認識過去經歷對自己的深奧影響，也知道這一點是如何影響你在教養方式上的選擇，否則是沒有幫助的。

我不打算提供你一個讓你必須在個性上先行妥協的教養忠告，也不會把一般常見的解決方案強塞給你。可行和不可行的清單雖然可以提醒你，但是少有能持久的。情緒在管教上才是影響深入的。最後能讓孩子產生改變最快、也是最有效的方法不是操控、不是控制，也不是支配，而是從鏡子裡好好看清楚開始，從你開始。

過去造就現在

在教養子女的研習會上，我請那些媽媽爸爸們把眼睛閉上，想像他們自己在孩子那個年齡時是什麼樣子。讓他們從現實、必須多頭並行的教養世界裡分離出來，去碰觸自己兒時感受到的情緒。

為人父母的人往往會忘記當年的感覺。有時候，我們把自己藏

在教養的權威下，彷彿自己無所不知，能夠懲惡揚善。又或是，做出最糟糕的事，張口說教，說得得人喘不過氣來，提高了自己、貶低了孩子。

> 「我在你這個年齡的時候……叭啦叭啦叭啦……」

真是無聊至極！

正如同一個十幾歲的孩子說起父母的糾纏不休時，給的評語。「大人是麼回事？一旦當上了爸媽，就忘記當孩子時是怎麼樣的了。」

他說得很對！我們當了父母後，就忘記孩子的感覺了。我們對孩子的認同愈少，跟他們經驗的相關度越少，就愈容易與他們產生衝突。情感上的關聯以及我們的童年經驗都能讓我們與孩子更為接近，變成比較有人性的父母。

我們回到當初被管教的經驗。我希望你去回想當初父母管教時，你是什麼感覺。重新去回想你的過往可以幫助你更理解孩子。你會開始了解並領會孩子的情緒狀況——他的不安、恐懼、及焦慮。當你更理解孩子時，就比較不會去評斷、批評或責備孩子。你對孩子經驗的認同度愈高——而他也覺得你了解他後——就比較不會產生蠻橫的行為。

所以去吧！去好好想想當初在孩子這個年齡時自己的心態。花一些時間慢慢想，細細的想。

- 你穿什麼衣服？有最喜歡的夾克或襯衫嗎？

- 你留什麼樣的髮型？多長？

- 你的臥室是什麼模樣？你是怎麼佈置房間的？

現在開始寫吧。如果你沒寫，就開始用反思的。讓你的回憶和聯想毫不衰減的流洩而出。當畫面出來時，好好跟著想。慢慢來不要急。

- ❧　你喜歡做什麼？

- ❧　你對什麼事情感到最不安？

- ❧　有讓你感到困擾的社交恐懼嗎？

不是讓你去考慮你的父母。

以下是一張問題表。慢慢的去進行探討—— 一次一個，或先慢慢的全部走過一次。只要你覺得合適都行。重要的是，想每一個問題時，要把任何一項躍然於心的事情寫下來。跟著最初跳出來的記憶走。要誠實，保持簡單。要深信，每一段記憶裡都有一片你成為被虐父母的拼圖。

- ❧　你對父母最早的記憶是什麼？

- ❧　那時你幾歲？你住在哪裡？

- ❧　跟隨那個記憶的是什麼感覺？

繼續下去。要精細。盡所能跟著記憶走到底。如果你的記憶不只一段，那就太好了。通通都挖出來。我們正在尋找任何塑造出你今日教養孩子方式的、未曾被看見的力量。這些記憶正是其中的鑰匙。

教養案例：耐吉的覺醒

在寫日誌時，耐吉想起自己十幾歲時，父親變得很毒舌愛批評人，老是在抱怨、一直在找碴，無論是他的朋友、學校的課業，以

及穿著的服裝，都在他找麻煩的範圍裡。耐吉覺得自己無論怎麼做也無法取悅於他，所以，他當時就放棄嘗試了。令人感到悲哀的是，兩人疏遠了起來，成人以後，關係變得很疏離。

分析

當耐吉反省自己和兒子的關係時，他發現自己也一樣變得愛批評。他批評兒子的穿著以及打理髮型的方式。這是兒子產生蠻橫行為的一個主要觸動點。這可把耐吉嚇死了，他想，自己簡直在重蹈父親覆轍。一路成長過來，耐吉畢竟是恨他父親的，他肯定不願意自己的孩子也恨他。

改變

耐吉知道改變自己的行為是重建親子關係、消滅父子間蠻橫行為動力的關鍵。在被挑起十幾歲時情緒上的經驗後，耐吉想起自己對父親的感覺，就能蓄意的暫時終止自己負面的行為模式，把自己和孩子的關係推到一個新方向。耐吉自己十幾歲的回憶是他進一步深入了解兒子行為的關鍵——而同理心也把他愛批評人的作法轉化為同情。

結果

光只有學理上的理解，沒有情緒上的認同，帶來的改善效果有限。如果你的孩子會蠻橫對你，其中一定有理由。當你開始記錄當年與孩子同齡時的經驗時，你對孩子的認同感就會變強，也知道他之所以產生蠻橫行為內心的衝突了。以更多同理心來武裝後，你會有能力做出更好的選擇。

準備好繼續前進了嗎？現在我們一起來更深入的挖掘吧。

教養方式的光明面與黑暗面

在接下來的這個練習裡，我們要來探索你父母教養行為中的光明特質與黑暗特質——他們的選擇、傾向與習慣。透過一雙火眼金睛，我們將能把他們如何影響你，以及影響你今日教養方式的事情揭露出來。每一段記憶裡都會包含為什麼你今天會容許子女對你蠻橫的線索。

如果你當初有父母兩人教養，那麼選擇其中一位開始，然後再選另外一位重複剛剛的練習。

請記住，教養不僅限於你的親生父母。在你生命中扮演教養你角色的成人都可以自由替代。所以，有可能是你姑媽阿姨，伯叔舅舅、祖父母、外公外婆或堂表兄姊——任何一位曾經在兒時照護過你，或是給你莫大影響的人都可以。

好吧。我們先從光明面開始。

- 你父母親什麼時候最高興？
- 他們最佳的特質是什麼？
- 你什麼時候最喜歡你的父親或母親？

請盡可能記起記憶中的所有細節。現在我們來回憶看看父母親的黑暗面。

- 你父母親最黑暗的特質是什麼？
- 他們什麼時候情緒最糟糕？
- 伴隨這些情感的是什麼樣的記憶？

　　我從沒遇見過哪個父母不曾在某一個時間點上，重複他們父母寵愛言語的。每一個人都會把自己父母親好的、壞的特質藏入心底。這是個自然的過程，而為人父母後就會把這樣的記憶從休眠狀況中喚醒。

　　現在，我們就來看看你從父母處傳承得來的光明、黑暗特質，並看看這些特質是如何影響你今日的教養選擇。

❧　你從父母處傳承了什麼光明的特質？

❧　你又傳承了什麼黑暗的特質？

❧　你想保留哪些特質？拋棄哪些特質？

　　當了父母親後還能清清楚楚的記住自己父母親當初講的話、他們的情緒以及行為，這一點總是讓我感到神奇。這是很有力的提示，告訴我們童年的經驗是如何影響我們今天生活的。在進行這些練習時，許多父母都回想起早已遺忘了的點點滴滴。有些人忍不住淚流滿面、有些人則想起久被拋諸腦後的美好時光。慢慢的、漸漸的，這些父母親開始想起他們父母的行為在他們自己管教行為上造成的重大影響。

　　以下這個例子是一位父親的發現：

❤ 光明的特質

　　「我老爸很有幽默感。當他興致好的時，人非常有趣。我跟他有很多快樂的回憶，我追著他滿屋子跑，玩捉迷藏、躲貓貓。有時，我們笑得太大聲，我媽還怕我們吵到了鄰居。這些都是我對他最寶貴的回憶。當他心情好的時，和他相處非常自在輕鬆。」

♥ 黑暗的特質

「我老爸的脾氣會變得超級可怕，特別是他喝多酒時。他變得既刻薄，又愛虐待人，是個不折不扣的惡霸。他跟我說了一些我忘也忘不了的話；他尖酸諷刺的語氣還在我腦中徘徊不去。有時候，我會對孩子說出他對我說過的話。發生那種情況時，我真恨我自己。我嚇得要命，深怕會如當初我老爸在黑暗情緒中傷害我一樣，傷害了我的孩子。

♥ 打造全新的教養模式

我們父母的聲音，無論是正面還是負面聲音，都會常駐在我們心中，成為我們個人特質的重要部分，經常的影響著我們，告誡著我們。他們的態度、讚美的言語、批評以及抱怨都活在我們心底。

要打破童年負面的模式，必須執行有意識的選擇。要不斷持續的努力，讓你的教養方式往全新的方向邁進。存在於兩代、三代間的家庭模式要徹底改頭換面並不容易，而這種事情更不會自然發生。

我曾有好幾百節的時間和許多因為各種個人問題而遭受子女蠻橫對待的父母一起度過。這些問題從憂鬱、焦慮、人際關係問題、到職場上的不確定感都有。那麼，出現率排行第一名的話題是哪一項呢？與自己父母的關係。在一節又一節的時間裡，他們重新探訪了童年時期與父母的記憶——有些人的探訪過程還進行了數年。

在我們的下意識裡，父母的形象如塔般巨大，籠罩著我們，在我們為人父母後更是如此。這些早年的經歷再怎麼形容也不誇大，特別是在影響我們與子女間的互動上。

你是想重複父母的選擇，再花費一生的時間來對抗，還是另闢新徑呢？

 找出你的教養模式

在這個最後的練習中，盡量誠實作答，不要猶豫躊躇。挑戰自己去完成下列的句子。

- 作為父母，我的光明特質是……

- 作為父母，我的黑暗特質是……

- 在教養的作法上，讓我一直後悔的是……

- 我最想改變的個人行為是……

從中找出模式與主題。在你選擇的教養作法上，你看得出自己過往的經歷嗎？現在請指出，在你父母的行為中你想要保留、以及想要消去的部分。

教養案例：萊雅娜「煮」出健康的關係

萊雅娜在記錄媽媽的光明特質時變得很念舊。她記起自己有多愛與媽媽一起作菜：「我媽在廚房裡真是太有趣了，」她寫道，「她有烹飪的天份。她似乎在轉眼間就能編出一個新食譜。我們一起步上了烹飪的冒險之旅，一路不斷的開發出新菜色。和她一起烹飪實在非常有趣！我兒時最美好的記憶，有一些就是在她的廚房裡。」

分析

當萊雅娜思考自己與女兒柔伊的關係時，她發現她們沒有一件可以一起享受的事情。她哀聲嘆氣的說道，自己從沒和女兒一起煮過一頓飯。事實上，她們養成了叫外送速食的習慣。一想起柔伊日

後回想與她的共同記憶，居然可能是打電話叫外送到家的服務時，萊雅娜就感到悲哀！

改變

在把這些回憶記錄下來，並與丈夫分享後，萊雅娜出門了。她買了兩條新圍裙，一條給自己，另外一條給柔伊。那天晚上，她告訴柔伊她們以後每週在家煮兩天飯──而且不僅如此，柔伊一週也要有一次負責規劃全家的餐食。

結果

當然了，柔伊抱持了懷疑的態度。「妳是認真的吧？」她問母親，「烹飪太無聊了！直接叫外送進來要簡單多了。」

話雖如此，在接下來的幾週中，當柔伊在廚房裡學了一陣子後，她開始愛上烹飪。很快的，她居然幫朋友準備起餐食了。萊雅娜非常開心。「我以為當我母親逝世後，我對烹飪的愛也跟著死去了。」她說道，「我錯了。那天當柔伊開始發明菜色，並且叫我進廚房，嘴裡大聲嚷著，『嘿，媽咪，來試試這道菜！』時，我眼中含淚，感覺像是我媽回到我們身邊。」

 ## 3 種可能會被蠻橫對待的父母

這些年來，我聽了很多被子女蠻橫對待的故事。我開始把許多共通的經驗進行整理。被蠻橫對待的父母雖然出自於有困難的文化與社區，我倒是整理出三種最常見的情境，對父母容許子女蠻橫對待上很有貢獻。

當然了，這樣的分類很粗淺，父母親可比這裡展示出來的經歷速拍要複雜多了。不過，你可能會發現，這些一般來說還是很通用的──是思想的糧食。

最可能被自家子女蠻橫對待的父母有：

❥ 曾被自己父母蠻橫對待、欺凌過的

❥ 自己的父母親不在，或是對子女非常忽略的

❥ 自己的父母親很自戀的

我們每個情形都來考量一下，看是對你來說是否屬實。

☺ 被自己父母欺凌過

許多會被子女蠻橫對待的父母，都被自己父母蠻橫對待過。蠻橫對待這種文化會一代傳一代，只是角色替換了。

為了與過往的經歷相抗，曾被自己父母欺凌過的家長可能會過度補償自己的孩子。舉例來說，在父母嚴苛家庭長大的成年人，有過度放任孩子、太過寬容的傾向。他們以一種奇怪的方式，給予孩子他們曾被否決的自由，想藉此消除自己的過往。

這些家長在年輕時常常立下誓言：「我長大以後，絕不讓孩子受到我受過的待遇。」他們下定決心不讓孩子遭受他們受過的苦，所以就選擇與父母截然相反的方式來教養子女。這種對過去威權式管教的反向對抗經常存在於被欺凌教養的兩難之中，而這正是我們發現自己今日的處境所在。舉例來說

❥ **如果你的父母是支配型**：你可能會有太過寬容孩子、放縱孩子的行為，過度補償了孩子。

❥ **如果你的父母很愛批評人**：對你的孩子，你可能會太像個朋友，不像父母。

❧　　**如果你的父母親對你很不在意**：你可能會花太多注意力在
孩子身上來安撫他們，變得過度介入他們的生活。

被欺凌的父母之心，位置是擺在對的位置。畢竟，他們心中希
望孩子的童年能過比自己的好。只是，他們為了解除過往痛苦的過
度努力，會讓他們無法提供能讓孩子擁有正常社交及情感發展的領
導力。

這樣的父母在管教上會有不願下任何可能激怒孩子決定的傾
向。事實上，他們開始怕孩子，就像當初怕父母一樣。當他們自己
童年的創傷被喚醒後，他們的思考模式就不再像個成人，反而開始
像個孩子。

教養案例：小霸王布雷利

黑柔兒是用暴君型小霸王來形容自己十一歲兒子的。他吼她、
對她濫罵、嘲笑諷刺她。身為一個沒有任何支援的單親媽媽，黑柔
兒覺得自己被布雷利攻擊性的行為舉止擊潰了。有一晚，情況很糟
糕，他超級過分的辱罵言語讓黑柔兒真的打了電話報警。

警察相信他們家就快演出家庭暴力大戲了。當警方抵達時，黑
柔兒跟他們說兒子欺凌辱罵她，他們要求與他談話。然後，當小布
雷利穿著睡衣從他臥室出來時，警察放聲大笑。

「布雷利威脅媽媽？這麼小的孩子？她開玩笑嗎？」

分析

如果我們想到黑柔兒的成長背景，就很清楚她之所以害怕的原
因：布雷利言語上的濫罵喚醒她往日父母虐待她時的傷痛。那時，還

是個孩子的她沒有任何人伸出援手來幫助。結果,當她開始釋放孩提時期殘留下來的恐懼情緒及無力感後,她做了一件當初身為孩子時做不到的事:她尋求了幫助。對黑柔兒來說,這實在太具意義了。

結果

如你所能見,被自己父母親欺凌過的家長必須掙扎,克服大片個人的焦慮與情緒上的傷痛,而這些是在他們成為父母後被喚醒的。對黑柔兒來說,要在教養子女上做出新的選擇,她必須了解父母的虐待行為如何影響了她今日教養子女的方式。

👁 父母親不在或忽略子女

成長過程中父母不在身邊,或是忽視子女的人,在自己當了父母後,日子特別難過,因為他們心裡缺乏一個父親或母親的典範。即使他們有父親,或是母親,也覺得彷彿無父無母。

當他們為人父母後,要怎麼做,心裡完全沒底也不令人訝異。沒有教養的典範可以跟隨或反對,他們在新的角色上會有失落感,或是被打敗的感覺。

在絕望中,他們會把教養上要做的決定往後拖延,並且避免做出不受歡迎的管教決定。他們甚至可能把教養的重擔加諸在自己孩子身上,讓他們自己決定要如何被管教。

雖說孩子有機會一下子從父母手中取得領導權,他們對於要如何管理自己還是沒有做好完全準備的。他們無法決定如何安排每天的生活、決定自己的時程表、或計畫自己的未來。沒有父母親自信的手扶持,他們跌跌撞撞,變成小霸王只是時間早晚的問題罷了。

沒有孩子想自己管教自己的。

教養案例：麥克斯和他不見蹤影的父親

麥克斯講得很乾脆，「我從來不曾有過一個爸，怎麼知道爸爸怎麼當？」

麥克斯由他媽媽與阿姨們養大，他從來不知道，有父親是什麼感覺。現在身為兩個女兒爸爸的他，對於要下最簡單的管教決定心裡都感到混亂。他害怕做出錯誤的決定，或傷害孩子。事實上，他的孩子們求他要給出答案；畢竟，他是她們兩個人的父親。

分析

當麥克斯十多歲冬雅開始蠻橫對待他、欺凌他時，麥克斯的情況每況愈下。該怎麼回應，麥克斯毫無頭緒。「我從電視劇裡去學父親怎麼當，」他說，「不過那些當爸爸的都有一本劇本可以念──我卻沒有。而且他們的孩子之中沒有人像冬雅對我那樣講話的。」

改變

在經過許多節的治療、做了很多日誌，並學習如何將本書中的工具應用出來，麥克斯終於克服了恐懼，提供冬雅她所需的領導力。

麥克斯突破的時間點在哪裡呢？在他不再讓過去幫自己下定義時。「我對自己的故事感到厭倦了，決定寫一個新的。」他說，「我決心要當一個自己小時候就希望擁有的父親。」

結果

麥克斯全新的自信讓他得以終止冬雅蠻橫的行為，也治癒了他自己的過去。

💜 自戀的父母親

什麼是自戀的父母親，這常常很難看清楚。他們參加學校的活動、參加家長與老師的互動會議、他們會幫孩子開生日派對。隔著一段距離來看，他們彷彿就是理想父母親的化身。所以，他們為什麼會欺凌自己的孩子呢？

仔細近看之後，你就能一窺隱於平常視覺下的問題。他們是很糟糕的傾聽者，獨霸彼此間的談話。持續不斷的自己下指示，對孩子的個別性不尊重也不培養，他們試圖要養出一個自己的迷你版。

對孩子來說，沒有比不被自己父母親認可更令人火大的事了。

孩子通常會以蠻橫行為，嘗試來打破父母自顧自私的行為。但是自戀型的父母把自己包裹得太緊密了，不會認同自己的孩子，並讓所有談話的方向都轉向自己，把注意力都放在自己的童年上，沒完沒了的告訴孩子自己過去的故事，或強迫孩子去聽他們當年的光榮事蹟與成就。

問題就在這裡，自戀型的父母並不是活在當下的。這會在孩子身上造成嚴重的情感疏離，成為蠻橫行為最好的養分。每個孩子都有三種基本的情感需求：心聲有人聽、能被認可、並被自己的父母親確認。而自戀型的父母則讓孩子的這些需求無法獲得滿足。

到了青少年期，孩子會開始對自己個別的想法與認同感發表宣告，而自戀型的父母親很容易把這樣的事當成一種背叛。衝突因此產生。

讓人感到悲哀的是，大部分自戀型父母和有蠻橫行為的孩子之間的關係，都是以隔閡作為結束。除非父母親改變行事方式，否則親子關係就註定命運乖舛。

教養案例：小霸王基特的煩悶

　　沒有哪個孩子喜歡蠻橫欺凌自己的父母。這對自尊來說，有毀滅性的效果。孩子蠻橫的行為愈多，他對自己的感覺愈糟。在內心深處，他渴望父母親採取一個立場。基特就是一個例子。

　　基特在高中時很安靜。他彬彬有禮、言語溫和。但是在家時，他對母親就是個惡毒的小霸王。

分析

　　基特為什麼會像是截然不同的兩個孩子呢？

　　有一次會面，我一起見了基特和他母親。和平常一樣，她細細描述了自己生活的一切。事實上，她無法控制、滔滔不絕的說著關於自己的事。每一次當一個故事慢了下來，我以為她說完了，新的一個又接連著爆了出來。

　　基特，就坐在她身邊的沙發上，曾經多次嘗試要用問題或添加說明來打斷她。然而，她只是壓過他的話頭，對他說，「讓我講完。」

　　但是她講得沒完沒了。她還有時間呼吸，算是奇蹟。

　　一整個時段裡，基特好像被羈押的人質。不論他什麼時候開口，她總是忽視他，或壓過他說話。「讓我講完。」她說。

　　在試過幾次後，基特繃緊了臉，脖子上青筋浮現。她說得愈多，他的臉就繃得愈紅。然後，突然之間，就在我的眼皮子前，基特暴走了，他出拳擊向母親，就打在她側身。我在自己的辦公室裡，從沒見過這樣的暴力行為。

　　我非常憤怒。「你永遠別再給我打你母親！」我要求。「你懂嗎？無論你有多生氣，你都不准打她！」

基特和我的關係非常友好。他從沒見過我發火，我聲音裡的力量震撼了他。在他能夠反應過來之前，他母親介入道歉。「他不是故意的，」她說，「他控制不住自己。」

基特開始低聲啜泣了起來。他把拳頭握在雙眼上，羞愧的低下頭，兩行淚水順著臉頰滾下來。他的母親伸出了手，摸他手臂。「沒關係的，寶貝。這正是你需要幫助的原因。」

結果

當母親又開始叨唸起另外一個關於自己的冗長故事時，基特把臉藏了起來。這是他最不需要的事。她在告訴基特，有毛病的是基特，不是她的教養方式。

 ## 你是個累癱了的父母親嗎？

在我們更進一步之前，我想稍微提一下為什麼那麼多被欺凌的父母親會累到快癱瘓。

本書的目的在挑戰你，讓你的教養方式開始發生革命，以增強你的力量。這件事的終極目標是要終止你家中子女蠻橫欺凌父母的行為。但是，在我們能達成目標之前，我需要你好好照顧自己。挺身出來對抗你家孩子的蠻橫行為需要你更多精力與耐力，你如果累癱了，這兩項是無法聚集的。

大多數被蠻橫對待的父母甚至都未曾意識到他們正因為疲累而受到折磨。問問那些父母，他們上次能喘口氣，不必去管教孩子是什麼時候。他們八成會一愣，然後瞪大眼睛看著你

「他們會容許你有喘氣休息的時間嗎？」

會出現蠻橫行為的孩子都是極有天賦的危機製造專家。他們要求很多、一意孤行、又有攻擊性——而且隨著年齡的增長，情況愈是如此。不幸的是，你花愈多時間去寬待他們、配合他們，你在照顧自己上能投注的時間就愈少，而你家孩子就愈可能會欺凌你。

　　生活在長期忽略自己的狀態下，會對你各個層面的生活都產生負面的影響——你的人際關係、工作、家庭、以及朋友——讓孩子對你的虐待度提昇。當你累到無法去終止這種欺凌的行為時，你只是在無意間縱容而已。

　　如果你不尊重自己的需求，你的孩子自然也不會。你正是為這份關係定調的人。

　　當你一直處在疲憊的狀態，很輕易就會淪落成受氣包的角色。父母親總是累癱的孩子會一直覺得父母的不愉快讓他們很有負擔。當父母四處去哀聲嘆氣，抱怨管教孩子的諸種不便，就會逼得孩子不得不採取防衛角色。他覺得自己因為父母的不快受到了責難。

　　你可以因為感覺被忽略去責怪他人，但是有能力進行補救的只有自己。

　　疲憊不堪的父母忽略了自己的需求，導致了情緒、腦力、以及創意上的消耗。花一點時間和這樣的父母相處，你很快就能開始感受到他們的疲憊。他們和人說話說到一半會恍神，兩眼發呆，或是心不在焉的一直重複相同的步驟。這樣一來，沒精力站出來處理孩子蠻橫的行為，有什麼好奇怪的呢？

　　正如同我稍早之前所提，大部分累癱了的父母甚至不知道自己累癱了。所以，我們來對你的生活進行一個調查吧。如果你的答案中有四個或四個以上的「是」，那麼，很可能，你就快累癱了。

家長的疲憊問卷

- ☐ 開始失去幽默感了？
- ☐ 浪漫感已經從關係中消失不見？
- ☐ 不再和朋友出去晃？
- ☐ 一直覺得累得像條狗？
- ☐ 為花錢請保母覺得煩惱？
- ☐ 給自己一點特別待遇就有罪惡感？
- ☐ 記不得自己什麼時候能有一天不必去管教子女？
- ☐ 是不是所有的話題，最後都繞回子女身上？
- ☐ 是否不再去運動，或者沒上健身房？
- ☐ 抱怨是否成為生活的一種方式？

4 個治療父母疲憊的方法

如果你和自己的關係不轉變，你和子女的關係也不會轉變。要停止子女的欺凌行為，必須從更比現在更加重視自己開始。

要讓生活回到正軌，不需要花一大筆錢在治療、出國度假、或是買健身房會員卡上。上一章中，我列了一張孩子的五點清單給你。以下則是一張給你自己的四點核對表。

□ 對「屬於自己的自由時光」說哈囉。

□ 開始動起來。

□ 要有創意。

□ 出門走走。

方法 ❶ 給自己一段不被打擾的「自我時光」

❥ 一間安靜的旅館房間聽起來宛如天堂嗎？

❥ 自己獨自開車兜兜風，如何呢？

❥ 想到讓別人來服侍你，是不是感到興奮？

當你家有個小霸王，要找出時間給自己難度驚人的高，特別是，如果你有忽略自己的習慣時。

教養子女不是世上耗時最久的自我犧牲行為，也不應該是。累癱的父母教導自己的子女時，生活是一項沒有歡樂的責任，而這折磨沒有盡頭。疲憊的重量讓孩子沉重不堪。

孩子不會尊敬被累癱的父母親，這正是他們為什麼隨意欺凌父母的理由。

孩子想要父母擁有熱情，讓他們引以為榮。畢竟，如果父母親在生活上快樂又順遂，也就意味著他們也能快樂又順遂。成為那樣的模範角色，對父母來說是必須的。

如果你是累癱父母俱樂部的一員，先從找出時間給自己開始，進行脫離會籍作戰。你可以從花點時間寫日誌、找出喜歡的書重讀、

或是做做自己覺得很享受的事著手——總之，就是能為你心靈帶來平靜的事。

除非你幫自己挪出時間，否則肯定是找不出時間給自己的。先好好照顧自己，是改進你和孩子關係、停止家中蠻橫行為的最好步驟。

💜 方法 ❷ 建立運動習慣

- ➤ 你總是覺得筋疲力竭，精力被榨乾嗎？

- ➤ 你愛上鬧鐘上的「再睡一下」按鈕嗎？

- ➤ 白日小眠已經變成傳奇了嗎？

累癱的父母親抱怨自己沒有精力、沒有動力。當我建議他們去運動或是鍛鍊鍛鍊時，常會獲賞白眼一對或抗議。

「我都累到筋疲力盡了，你還要我在日程表上加上運動項目？」

教養案例：為生活奮戰的愛麗絲

愛麗絲絕對有理由感到沮喪。當丈夫和他舊日的高中戀人跑掉時（這位是在網上找到的），還留下了一雙十幾歲的女兒，克莉絲汀娜和史黛西讓她獨自扶養。愛麗絲震驚不已，事實上，她墜入了黑暗的抑鬱中。不幸的是，她用大吃大喝來排解傷心。

六個月之後，在暴增了二十幾公斤後，她發現自己的身形體態處於生命中最糟糕的時期。更慘的是，她老是忘記約好的事，上班還經常遲到。週末則總是待在床上看電視，啃著垃圾食物。

分析

克莉絲汀娜和史黛西憎惡看見母親一付被打敗的樣子。就她們來看，她是自暴自棄，放棄了自己。最初，她們還為她感到難過，但實際上，她們討厭她。她們欺凌她，拿她的體重嘲諷，嘲笑她衣服繃太緊，以及腳跟上的不適。

「幹嘛吃三個就停？甜甜圈整盒吃掉啊！」

「你可能可以去當加大尺碼模特兒了。」

「難怪我爸會離你而去。」

心情深深盪在谷底的愛麗絲心想，女兒們的話到底對不對。她知道自己得有點作為，但是她厭惡鍛鍊。每次約好訓練員後，她最遠走到健身房門口就轉身回家，躺回床上。

改變

在做過一次結果非常恐怖的體檢，並被醫師大罵一通後，愛麗絲打電話給一個朋友，並定下了每週一次的慢跑。

第一次跑步根本就是置身煉獄。當她朋友咕咕的說個沒完時，愛麗絲喘了一大口氣後，又呼了好幾次氣。當他們終於跑完，她覺得非常丟臉。

話雖如此，她還是撐了下來。從每週跑一次、到兩次、三次。每跑一次，就簡單一點。之後，有東西抓住了愛麗絲的目光。

愛麗絲和朋友跑步的路線上會經過一家拳擊健身房。從窗戶望進去，拳擊手們繞著圈跳動著，他們打沙袋、跳繩、做打鬥練習。天啊～看起來真好玩！愛麗絲心想，他們不知道有沒有開女子的課程，於是她打了電話過去問。

他們有。

愛麗絲第一次開車去上課時，放在駕駛盤上的手微微發著抖。「我想，我應該沒有勇氣去經歷這一切，」她心裡想著，「我應該把車掉頭，開回家去。大家會怎麼想我啊？」

愛麗絲思緒糾結、一路纏繞，直到車開到了健身房外頭。她深深吸了一口氣後，有個嶄新的想法在心中發了根。她厭倦自己一再逃避挑戰、太過在乎別人的看法。

愛麗絲厭倦了自己老掉牙的故事。

從愛麗絲出第一拳開始，她就迷上了拳擊。她愛上關於拳擊的一切：纏手帶、試戴手套。她甚至喜歡那場地的氣味。而且，打沙袋——天啊，感覺實在棒透了！

愛麗絲上完拳擊課，一身汗水的回家。她對著浴室中的鏡子練習拳擊流程，跟克莉絲汀娜和史黛西吹噓，訓練的老師說她是天生好手。

當然囉，愛麗絲的兩個女兒抱持了懷疑態度。「一個四十歲的老女人去打拳？真的嗎？老媽？」

愛麗絲聳聳肩當做回應。感覺實在太好了，她才不在意別人怎麼想。幾個禮拜後，愛麗絲告訴訓練老師，她想在場子裡和真正的對手打幾個回合試試。當克莉絲汀娜和史黛西問她，她們能不能去看時，愛麗絲心頭一陣激動，但是不加思索的回道，「那當然。有何不可？」

沒幾週，愛麗絲就造成轟動了。女兒們吹噓她的事，並帶朋友去看她上場打拳。突然之間，愛麗絲變得很酷。她覺得多年來，沒有比現在更棒的了。她也有了重大的覺悟：她發現自己在婚姻裡有多麼不快樂。那麼多年了，她總是生活在迷霧之中。

愛麗絲的丈夫一直是她生活中一股壓抑的力量。他毒舌、態度負面，一直輕視著她。難怪女兒會欺負她。她們只是跟著老爸，有樣學樣！

但是，當愛麗絲開始照顧自己，事情發生變化了。

克莉絲汀娜和史黛西馬上對欺負母親失去了興趣。就算很偶而給母親苦頭吃，愛麗絲會回道：「有興趣到場子裡打幾個回合來擺平嗎？」

她們當然不想去。更重要的是，她們沒必要去。

結果

拳擊不僅治癒了愛麗絲為人母累癱的問題，出拳的手更是一勞永逸的終結了女兒們的蠻橫行為。

和孩子一樣，為人父母的也需要壓力的出口。散步、跑步、游泳、騎自行車、跳踢踏舞——無論是什麼運動，只要你有興趣就行。請記住，心肺鍛鍊三十分鐘，每週三次，可以大幅降低憂鬱和焦慮的症狀。你的感覺會變好，你的精力會提高，口腹之慾會降低。如果你無法要求自己每週鍛鍊一次，那麼就去報名上課，請一位訓練老師、或是找個健身房的人來幫你，或是跟愛麗絲學學，出去慢跑！

♥ 方法 ❸ 要有創意，動手創作

❧ 　幫孩子買個新便當盒是你的創意點子嗎？

❧ 　你認為，在電話帳單上塗鴉是一種藝術活動嗎？

❧ 　當孩子叫你要「好好過生活」，你覺得他們説得對嗎？

來面對吧！教養子女的工作常常是沈悶又一再重複的：煮飯、

買衣服、做家事、送孩子去玩球或學樂器、接送上下課、逛完街接回家。如果你感覺自己漸漸像個計程車司機或女傭、如果你以厭煩的聳肩來回應每一個新的一天，那麼就該是時候，在自己生活中添加一點創造力了。

創造力是一種天然的舒壓活動。可以撫慰你的焦慮、喚醒你的才情，為你的生活注入新的動力。它可以提振你的精神，給你你最需要的休息，暫時脫離日復一日教養孩子的平凡世界。你也才會有精神，可以好好去收拾對付家裡讓你傷腦筋的蠻橫行為。

一旦你喚醒充滿創意的自己，你將會驚訝，你的感覺實在好太多了，精力也大振。

☺ 累癱家長早餐俱樂部

我從研究所畢業後的第一份工作就是在紐約布魯克林區一所問題多多的小學裡，幫助協調一個諮詢計畫。每天早上，我總是看到一列列雙眼迷濛、身體累癱了的家長把孩子丟在校門口，然後步履搖晃的回到街上。由於我的計畫是要幫助孩子，讓他們順利成功，所以我認為最佳的起點就是從他們的父母著手。

當送信、打電話、寄電子郵件到學生家中，音訊都宛如石沉大海時，我決定要採取不同的策略來試試：在全校各個角落張貼標示。

★ 提供家長免費早餐

當家長把小孩送到學校後，我用新鮮的咖啡香氣和烘焙餐點把家長引誘到我辦公室。（我甚至還在咖啡機旁邊擺了一台小電風扇，好把咖啡的濃濃香味傳送到各處。）

慢慢的、一個接一個的，家長們晃進了我的辦公室。這些無精打采的人在找尋免費的早餐。

幾個小時之內，我就有一打家長報名參加了我第一個教養小組。

我沒對他們大談育兒經或是兒童心理學，而是決定要多用點創造力，這樣事情會好玩得多。

✪ 鼓勵父母創作

在第一個研討會上，我分給每位家長一袋美術用品，他們手上還有海報板和彩色紙可以自由發揮。我鼓勵他們去創作，任何創作都可以，只要他們高興。

這些家長們用手指頭戳著美術用品，拿目光餘波瞄著我。創作是孩子們每日必做之事，但對這些累癱了的家長來說，卻有如天方夜譚。該怎麼做，他們完全沒概念。

當家長們慢慢的啜著咖啡、吞下甜甜圈後，他們傻傻的、羞怯的用起了美術用品。他們開始打草稿、上色，畫起圖來。一動手之後，他們就停不下來了。有些人安靜的工作，有些人則陷入深深的沉思之中。還有人聊天，隨意的笑了起來。

研討會預計九十分鐘結束，但幾乎每個人都多留了一兩個鐘頭，繼續下去。

「他們為什麼花那麼長的時間？」我心想。

然後，我豁然明白了過來。這些家長對於創作非常飢渴。他們的想像力渴望能進行鍛鍊。自從為人父母後，他們自己就沒有了創作的時間。坐下來這樣一個簡單的動作，開始進行創作居然能如此激勵著他們，讓他們渾然忘我。創作是一個既令人興奮、又能激勵人心的旅程，可以讓他們回到為人父母之前的自我。

接下來的幾個禮拜，孩子們到我辦公室去探頭探腦，看看他們的父母在哪裡做了什麼。這讓我學到重要的另外一課：孩子們喜歡

看父母有創作力。

「我媽做的？太棒了？」

「我老爸畫的圖真酷。」

「我以前都不知道我媽會畫圖。」

孩子們非常興奮的發現他們父母不為他們所知的另一面。

✪ 重新找回自己的熱情

研討會後，許多家長把他們的作品帶回家繼續作。他們之所以繼續創作，原因只有一個：感覺真不錯。

當家長的對自身的感覺變好後，他們就開始成為較好的父母。重新發掘自己創作的一面不僅對治癒他們累癱的情況有幫助，還能為了親子關係注入正面的能量。

所以，是拾起舊時畫筆的時候了，相機、縫紉繡花、或工具箱都好。在你家車庫裡建個什麼，在花園或陽台上種點花花草草。這些工作對於教養很重要，其重要程度跟養家、供家人花用不相上下。

你喜歡方面的創作呢？

😊 方法 ❹ 出門走走

- ❧ 每天的例行工作，你都是夢遊一樣的走過去嗎？

- ❧ 去蔬果行的水果部走走會讓你覺得是一趟吸引

  人的旅程嗎？

- ❧ 旅遊雜誌讀起來像是奇幻小說嗎？

被子女欺凌的父母並沒有足夠時間花在家門口之外，那個不必去管教孩子的世界。更糟糕的是，他們為孩子犧牲得愈多，孩子就愈視為理所當然。

當你不再去旅行、拜訪朋友、或是出門找點樂子時，你的管教之路就在往累癱方向前進。你需要喘口氣，離開孩子一下，正如同他們也需要離開你，喘口氣一樣。

找出時間，和另一半獨處、與朋友聚聚或是從事新的活動，都可以讓累極癱瘓的靈魂獲得滋潤。這是讓生活重拾生機的絕佳方式，這樣你才能再度起身來面對孩子蠻橫的欺凌行為。

這意味著，要訂定一個有質感的非教養時間。所以，拿起話筒撥給老朋友、重新和熟人取得聯繫，總之能脫離隔絕的型態就好。出門去和人社交、去看看小劇場、聽一場音樂會、去藝廊欣賞一下藝術作品、登山也好。是的！出門去！任何新嘗試的努力都能為你的教養方式帶來嶄新的能量。

教養案例：疲憊的愛蓮娜與約翰

愛蓮娜與約翰走進我辦公室時，我可以感受到兩人實在筋疲力竭了。在孩子出生前，他們充滿了希望與夢想。但是當夫妻倆的第三個孩子報到之後，每一天對他們來說，都是絕望的掙扎。

約翰常發脾氣，聽起來跟他父親像得可怕。愛蓮娜則在憂鬱與了無希望的情緒間強烈掙扎。對於他們生活的這種低迷狀態，孩子們開始蠻橫的欺凌他們，他們頂撞回嘴、在公眾場合扯著喉嚨大聲嘶吼。

愛蓮娜與約翰對孩子們的行為感到羞愧，但是他們太疲憊了，疲憊到沒有精力去採取任何行動。

分析

當我建議他們找時間，先別管教養孩子的事時，他們嘲笑我。他們沒有錢可以去旅行，也沒錢付保母一兩個小時以上的時間。他們想都不想，就直接拒絕了我的提議。就像許多累癱的父母一樣，他們一付陰沉晦暗的模樣。

改變

於是，我提出一個計畫：既然男孩子們整天都在學校，約翰可以把工作挪一挪，空出一兩個早上的時間嗎？或許，找時間，慢慢吃一頓午餐也行。

「呃……那倒是可能。但是，那樣真可以叫做一個假期嗎？」

那不算假期，不過，是個開始。

愛蓮娜與約翰開始一起安靜的共進早餐。在這過程中，他們發現了遺忘許久的一件事：他們很喜歡彼此的陪伴，感覺就像再度約會。

他們去嘗試了一個瑜伽的晨課。有時候，他們會相約去逛藝廊，或打打網球，把孩子放在學校。之後，約翰有時會慢跑去上班，而愛蓮娜找回精力，重拾被她拋諸腦後蒙塵的小說來讀。

結果

當愛蓮娜與約翰為生活添加更多樂趣與創意時，他們的婚姻重新鮮活了過來，教養的方式也是。甚至連性生活也有改善。最重要的是，他們有精力去終結男孩子們蠻橫的行為，並在家中建立起新的規矩、約束以及分寸。

☺ 照顧好自己，才能照顧好孩子

就算你已經筋疲力竭、氣力放盡，你還是有可能可以終結孩子們蠻橫行為的。治療教養孩子產生的疲憊感是跟治療孩子蠻橫行為齊頭並進的。照顧好自己，才能照顧好孩子。這樣才能為生活注入新的能量與耐力，讓你能有餘力去對付孩子們蠻橫的欺負行為。

下一章，我們要來確認孩子蠻橫行為的型態，告訴你有哪些立即可用的步驟可以幫助你解決問題。

Chaper
4

了解孩子的
蠻橫型態

好，我們來快速回顧一下。

在第一章裡面，我們探討了孩子蠻橫對待父母的兩個步驟，也對你跟孩子搭檔演出的笨拙雙人舞進行了了解。在第二章中，我們帶領你迅速、初淺的去了解兒童發展，並思考處理蠻橫行為時可以立即採取的步驟，以及長期調停的方法。在第三章中，我們檢視了你教養方式的光明面與黑暗面，並提出了一些避免在管教時累癱自己的方法。

# 3 種蠻橫形態

本章，我們則要來檢視孩子會使用的幾種蠻橫方式。雖然孩子有自己獨特的個性與脾氣，但是他們蠻橫對待父母的方式倒是有很多共同點。為了盡量保持簡單，我把這些行為分為三種蠻橫型態：挑釁型、焦慮型、以及操控型。

這三種蠻橫的型態都以概括性的方式呈現。畢竟，孩子的個性太複雜了，無法被歸類在小小的一個類別下。這些蠻橫行為的型式都是為了能提供您一個鏡頭，讓你透過鏡頭來檢視孩子的行為。對孩子的蠻橫行為如果能有較清楚的認識，你也就能更深入孩子的內心世界，好好進行準備，將你們的關係駛向一個新方向。

三種蠻橫行為之中的一種可能就很符合你家孩子的情況了，不過，他也可能符合一項以上的準則。多多琢磨以下每一段中列出的問題，問問自己，哪一種型式與你的孩子最相像。

在進行這個過程時，請記住，在每種蠻橫行為強硬的外表下藏著的是一個嚇壞了的孩子，有著不安定的內心，一直在缺乏安全感與滿心憂慮中掙扎。蠻橫行為正是這種內在不安形現於外的表現。了解引起蠻橫行為的原因後，你才能窺見他恐懼的本質，以及造成他蠻橫行為的力量。

挑釁型的蠻橫行為

我們先從三種之中最吵鬧、最暴躁愛爭吵的挑釁型開始。

特徵

❥ 孩子是不是用索求和威脅把你逼進困境？

❥ 你怕孩子發怒嗎？

❥ 你擔心孩子發作出來嗎？

❥ 孩子是不是老和你作對唱反調？

❥ 孩子敲詐、勒索你嗎？

❥ 你害怕拒絕孩子，引發他的暴怒嗎？

❥ 你覺得被孩子恐嚇了嗎？

❥ 孩子是不是一直折磨你，直到你屈服他的要求之下？

❥ 孩子是不是為他自己的問題責怪你？

❥ 你覺得被自己的孩子控制了嗎？

這是蠻橫人格類型中最難搞的一種，這些「就是要給你難看」型的孩子衝動，愛與你作對的程度超乎異常。你如果說「往東」，他們肯定往西。如果你說，「站住！」他們定跑到不見人影。

衝動、沒耐心又粗魯，這些挑釁的孩子希望日子照自己的規矩來過。他們對於父母所有嘗試管教的企圖都表示反對。如果你是單親媽媽或爸爸，挑釁型的孩子攻擊性可能會特別強。由於只有一方家長可以讓他傾注關注，所以家長得到的放肆行為極可能是雙倍！

自以為是、用錯誤的自信來自我膨脹，挑釁的孩子從與人爭論中獲得快樂，而且次次都一心求勝。自以為是的「對」蓋過對其他人的尊重或與人的和諧相處。當你嘗試站起來對抗他們蠻橫的行為時，他們就和你卯上，不斷的煩你擾你，直到你讓步投降。一心一意要走自己路的他們，不擇手段要打敗你。

☺ 挑釁型的優缺點

好處

挑釁未必是個問題特質。許多藝術家、發明家、設計師、以及有原創性的思考家身上就帶有健康的挑釁血脈。他們之所以能開創新的思考方式是因為他們反對故步自封。他們把這種挑釁的特質當做創作的力量，激發他們的靈感與視野。

換句話說，當這種挑釁、目中無人的特質帶著雄心壯志被導入創意中，它會帶來革新。挑釁的孩子有許多不受羈束、沒有焦點的能量。我們的挑戰在於如何幫助他們，將其導入正途。

每位調整得當的孩子都有健康比例的挑釁特質。如果孩子太乖、太聽話，就缺乏明確的、無法在他人身上留下持久印象的印記。你不會希望孩子只會乖乖聽你的話，而是要他有自己的意見和觀點。

壞處

這裡說明的則是挑釁型孩子的缺點。要幫助一個挑釁型的蠻橫孩子把關係視為雙向，需要很大的努力。這種型態養成的時間愈長，要矯正過來就愈困難。要幫助一個挑釁、有蠻橫行為的孩子革除舊習、培養新習慣需要能量與承諾。

是什麼導致了孩子的挑釁？

在張牙舞爪挑釁之下的，是由於某些原因導致、自覺不受認可、沒有被人重視的孩子，他們生活在被遺忘或拋棄的恐懼之下。不論他獲得了多少注意，正面的或負面的，還是覺得遠遠不夠。

你永遠也不會知道這些挑釁型的孩子內心有多脆弱，因為他們把自己缺乏安全感的事情隱藏得很深。舉例來說，他們可能一副披頭散髮的模樣，但是在那披頭散髮之下，不知道他下了多少心思，才得以保持那種理想程度的散亂。在公開場合，他們或許一副不在意的樣子，但是私下卻對自己的形象十分煩惱，極為在意自己的外表、服裝以及髮型。

基本上來說，挑釁是一種形式上的倚賴。原因是這樣的：一個挑釁型的孩子如果想要擁有完整的感覺，就必須有讓他能去違抗的事。對抗某個人或某些事會讓他產生有力的錯覺。舉例來說，想像一下，孩子靠在一面牆上，看起來雖然很安全，但是你一旦把牆移開，會發生什麼事呢？他會摔倒。挑釁也是同樣的道理。在沒有了可以讓他違抗的人之後，挑釁型的孩子就無法保持立場了。

那麼，挑釁型的孩子從蠻橫行為中能獲得什麼呢？挑釁會形成一道保護屏障，對抗人際關係上的不安感，讓對自己個性不確定的孩子擁有暫時性的自我認同。有挑釁型蠻橫行為的孩子很容易被誤解。挑釁會造就出他們很強、很安全的幻覺，而事實則是相反的。花足夠的時間和這一型的孩子相處，你就能感受到他們表現下的不安感。

挑釁型案例 ❶：跋扈的查理

我記得查理是一個二十歲上下的年輕人，有刺青和一頭亂髮。他聯絡我，希望安排諮詢，而且要求要愈快愈好。和他用電話談話

時，我就能感覺出我要處理的是一個挑釁型的蠻橫行為。屬於這一型的人，不論年齡大小，聽起來都像是個愛指揮人的跋扈孩子。

查理告訴我，他在白天睡覺，所以拒絕了我提出的所有預約時間，要求我要留到很晚等著見他。他在高中退學過（兩次），最近在大學裡又是留校察看（再次），原因拒絕解釋。那麼，為什麼要費事來預約呢？因為他需要心理治療師開立診斷書，表示他在接受治療，這樣他才能重回課堂。

他來赴約時遲到了，氣喘吁吁又滿身大汗，肩膀上斜掛著一台自行車。守門人員不讓他帶著自行車進入大樓，所以他就溜到貨梯那邊，找到了路進我的診療室。

他一進門，我就被一陣強烈的體味攻擊了——是一種我後來封為「查理之香」的味道。

他一開口就抱怨。每個人都專針對他——他的學校、父母、甚至我的大門守衛。而他對自己這種行為不負任何一點責任，這是挑釁型蠻橫行為的一個標準特色。

知道他在沒取得我的診斷書是不會回去之後，我告訴他，在他參加三節諮詢之後，我會考慮幫他寫一份的。我必須對他多點了解，才能更精確的寫出他的情況。

「狗ｘ！」查理狂吼，風卷雲殘的出門去，沒付諮詢費給我。

分析

反省後，我自覺一開始就太配合他了。我太快就調整自己的時間來答應他的要求，讓他覺得能夠支配我的時間。挑釁型蠻橫行為的孩子在讓自己順心如意上，有特別的天分。

查理在約時間上的蠻橫行為讓我措手不及，我沒多想就屈服在他的意志下。問題是，如果你太快就去配合挑釁型的蠻橫行為，他們就不尊重你了。查理會走出去是因為我面對他的蠻橫行為，並沒有守住自己的立場。

改變

　　幾年後，查理回來了。這次我沒有屈服。我們根據我的時間表來訂見面時間。令人訝異的是，他並沒有反抗。

　　查理仍然是一身大汗、身上刺青，看起來一副深深絕望的樣子。他準時來了（身上飄著查理之香），癱在我沙發上，看起來一副被打敗的模樣。當我問他為什麼回頭來找我，他嘆了口氣，「我把自己的生活毀了。」

　　「是什麼意思？」我問道。

　　他閉上了眼睛，痛苦到難以出口。「我從來沒聽過我父母親或老師們的話。我還去對抗像你這樣想幫助我的人。現在，我一無所有。」

　　他繼續解釋，他得把自行車賣了，才能去付他割草商的帳款和其他負債。

結果

　　他說話時，我覺得我身邊坐著的是一個孤獨的人，從各方面話語裡都透露出完全的破產意思。他不知收斂的蠻橫行為從身上消失了，但是沒留下任何足以炫耀的，連一項可以自傲的成就都沒有，更別說是一個健康的人際關係。

挑釁型案例 ❷：滿身是刺的莎拉

　　年齡：十三歲半

　　蠻橫型態：挑釁型

　　最喜歡用的蠻橫技巧：發脾氣、威脅、崩潰

　　耍蠻橫的時候：「我恨你！都是你的錯！」

當莎拉發現她進不了想念的中學時，就像是在她心上插了一把刀，公開對她造成了羞辱。每天，當朋友把手中的錄取通知書搖得有如風中的勝利旗幟時，莎拉躲進了浴室，低聲哭泣。

　　事實上，莎拉在申請學校時，並未盡力。她希望自己能自動被錄取。現在，她比較能接受挫敗了。但是惱人的「應該」兩字卻在夜晚折磨著她：

　　「我在申請時，應該多努力一下的。」

　　「我在準備入學考之時，應該多用功一下的。」

　　「我在面試前，應該要先預演的。」

　　這些，是莎拉揮之不去的念頭。為了讓自己從自責的重擔中解脫出來，她做了挑釁型蠻橫女最常做的事——責怪父母。

　　從六月收到中學發出的通知書開始，到一整個沒有盡頭的夏季，莎拉都毫不手軟的在蠻橫對待父母。都是他們的錯，不是她的。是他們不夠盡心盡力幫助她、不夠關心她、也不夠愛她。

　　莎拉的父母馬可仕和麗莎被沉沉的罪惡感壓著，接受了她大部分的責難（第五章中，我們會來看看充滿罪惡感的父母。）惱人的「應該」二字也是把馬可仕和麗莎兩人攪得夜不成眠。

　　「我們應該叫她在申請時多努力些的。」

　　「我們應該叫她事先要多多準備的。」

　　「我們應該要多介入她的申請過程的。」

　　當莎拉和父母被一堆「應該」包圍時，家中最好的氣氛，充其

量只有陰沉二字。壓力沒有出口的莎拉開始暴飲暴食，吃了一整個夏天。

最後，開學日到了。當莎拉一路踩著腳走向那棟不熟悉的建築物時，麗莎和馬可仕從他們車子裡看著她，屏氣凝神。

「或許，沒那麼糟糕吧？」

「或許，莎拉會感到驚喜也說不定？」

「或許，她會喜歡這學校？」

是的，沒錯。

╳ ╳ ╳ ╳

「我明天不去學校了！」那天下課回家後，莎拉進門後大聲喊著。「你們這對爛父母！笨透了！你們把我的生活毀掉了！我恨你們兩個！」

馬可仕和麗莎盡了全力去安撫女兒，但他們的努力卻只換來更多濫罵。她尖聲大叫、高聲怒吼，丟書又丟鞋，還詛咒父母。

馬可仕和麗莎很快的怯戰了。他們從沒見過這樣的事情。「我們應該……」讓他們繼續在晚上失眠。

「我們應該安排在家上課嗎？」

「我們應該去看看寄宿學校嗎？」

「我們應該強迫她回學校去嗎？」

為了了解讓莎拉痛苦的真正原因，我們深入來看看她的過去。

😊 案例分析

✪ 莎拉的過去

　　莎拉正經歷一系列困難的轉變，從換學校到失去朋友、從忍受一段漫長被隔離的夏天到經驗與壓力相關的體重增加，更別說是一些她選擇對父母隱藏的，令她傷心的事情。為了能完整了解她蠻橫行為發生的原因，我們來全面檢視她的生活。

✪ 孤立的青春期

　　莎拉的青春期來得很早，這讓她在學校和在公眾場所都感到極大的不安。她胸部的發育比所有的朋友都早。不到五年級，男孩子們就在上體育課時嘲笑她，女孩子們則在午餐教室裡竊竊笑著。讓事情更糟糕的是，莎拉還拒絕穿胸罩（**真不是個好決定。**）

　　就和大部分的孩子一樣，莎拉覺得太羞人，不願跟父母講這些事。十歲出頭的孩子常常把難為的心事隱藏起來，不告訴父母，怕他們失望或批判。

　　自己獨自掙扎總是比與家人的愛與支持一起奮鬥糟糕。莎拉的選擇讓她在社交上被孤立，她也退縮得更厲害。

✪ 學習上的障礙

　　莎拉在做筆記上有很大的困難，她寫的字很難辨認，在閱讀上也有過障礙的經歷。和父母一起做功課時常常以哭泣或大戰收尾。所以，馬可仕和麗莎請了家教，一個星期來家裡三次幫助莎拉。可惜的是，莎拉的學習困難似乎非家教能力所及。

　　尚未被診斷出來有學習障礙的孩子，因為學習進度跟不上班上同學，或無法在時間內完成考試或家庭作業，常有自信心低落的問題。這種在班上經歷的長期性緊張也會讓他們悶悶不樂、容易疲憊。

對於早有自信心問題的莎拉而言，在學業上遭受挫敗則是另一種對她個人幸福感的侮辱。

☺ 莎拉私下的恐懼

莎拉相信，她的哥哥愛德華才是父母的心頭寶。對愛德華來說，什麼事情都輕而易舉。愛德華獲得了上大學的獎學金。他人氣高，在學校表現傑出。馬可仕和麗莎和他在一起時，甚至會更自在。

每天晚上躺在床上，莎拉就被一堆負面的自言自語所折磨：

「我很胖。」

「沒人喜歡我。」

「我很笨。」

莎拉幾乎無法入睡。現在，什麼事情都能惹毛她——她母親在廚房哼哼唱唱的樣子、她父親咀嚼食物的聲音，以及她哥哥的鬧鐘鈴聲（1980 年代的搖滾樂）。

如你所見，莎拉身上問題很多。為了長期的益處著想，莎拉的父母需要多管齊下。我們先從能立刻處理她蠻橫行為的可行步驟著手。

♥ 立即有效的策略

首先要做的就是幫助莎拉降低壓力程度，讓她把脾氣控制住。請記住，在大吼大叫行為之下的是一個非常不快樂的孩子。

與其嘗試強迫莎拉立刻回學校去、處罰她，或是以任何形式回應她的蠻橫（任何會升高衝突和挑釁行為的選項），馬可仕和莎拉

最好讓莎拉先行休息：讓她一天不上學，在家好好睡上一覺。

把筋疲力竭又滿身是刺的莎拉送回學校只會讓事情更加惡化。但這同時，他們也要讓莎拉明白，他們會考慮幫她洽看其他學校或選擇，不過，在那之前，她必須回到現在的學校去。

這樣的作法是在設置一個平台，讓莎拉可以和父母一起合作，並向她顯示，父母親的確在聽她說話，認真對待她的事。

✪ 傾聽

對身處痛苦之淵的孩子來說，傾聽就是良藥。覺得被了解就是傷口的舒緩膏藥。莎拉或許會煩躁不安、蠻橫、或是出口威脅，因為她覺得父母沒聽她說話，也不了解她。莎拉一旦覺得父母親聽見了她的心聲，也得到了他們的肯定，就比較不會出現蠻橫行為了。

✪ 休息、自我療癒

接下來，我們要來介紹一些有自我療癒效果的活動。例如，莎拉喜歡和媽媽或爸爸一起下廚嗎？她有任何一種可以發揮創意的壓力出口，或是有好朋友可以尋求支援的嗎？或許，她和父親可以找一天一起去做做他們都享受的活動。

當孩子覺得面前有無法跨越的障礙，那麼保持一點距離對他們幫助更大。直接硬碰硬去處理問題會增加壓力與緊張程度，讓困難更形惡化。請假一天不去上學也能給莎拉所需的休息時間與空間，讓她得以降低感受到的壓力，並把她塵封在內心深處的不安感表達出來。

✪ 由父母之中的一人出面

最後一點，在提及你家挑釁型孩子會覺得敏感的話題時，由父

母親中的一方出面比兩個人都出面好。當父母雙方一起出現接觸這些話題時，孩子往往會覺得有被聯手對付的感覺或是被以多勝少。這種感覺常會提高孩子的防禦心與緊張程度。所以，要決定哪一位家長最適合出面去處理眼前的事，把你們的目標講清楚，不管孩子扔出什麼炸彈，兩位家長都要保持一致的立場。

☺ 長期改善策略

上述立即可運用的步驟是為了幫助莎拉降低內心的緊張感、不提高與父母間的衝突而設計的。她一旦穩定並平靜下來，馬可仕和麗莎應該就要考慮以下推薦的建議。

✪ 教育上的評估

莎拉表現出許多非語言性學習障礙的跡象。意思是，她在口頭語言方面可能表現正常，但是在非口頭語言部分的工作項目，像是閱讀與寫字上則有困難。她很努力想完成作業，但是很快就疲倦了，情緒也起伏不定。她常常把作業藏起來、丟掉、或是忘記交上去，藉此來逃避更低一階的尷尬。上述這些都是未被診斷出來的學習障礙徵兆。

把莎拉的學習障礙找出來對於降低她在家中、在學校裡的壓力程度很有關係。正如我們在第二章中曾經提及的，潛藏著未被診斷出來的學習障礙是導致蠻橫行為的一個主要原因，因為那會產生情緒上的壓力。莎拉可能正在面對許多學習上的挑戰、處理上的困難、執行功能上的問題，也可能有讀寫障礙及注意力無法集中的問題。

除非莎拉能獲得適當的學習評估，不然再多的家教或治療也不管用。事實上，當莎拉的無望感提高，她挑釁的蠻橫行為還會更加嚴重。

只要學習障礙能被指明出來，應該就能聘請學習專家，針對莎拉的問題範圍來進行處理，並提供她課業上要取得成功所需的技巧。

✪ 完整的體檢

建議進行完整的體檢來排除與莎拉早熟相關的所有健康問題，她的問題顯然與常人不同步。

女孩子碰上早熟的問題，比男孩子要高出幾乎十倍。這會導致沉重的社交與情緒壓力，形式通常是同儕的嘲笑。早早就進入青春期也會讓十幾歲的青少年充滿一些想法和情緒，而這些是因為他們年齡太輕還無法處理或理解的。提早進入青春期也可能會引發陰鬱、焦躁易怒，無法成眠的問題。

去找一位專精於青少年醫學的醫師預約掛號，有助於釐清任何可能與荷爾蒙有關的問題，幫助莎拉更了解發生在自己身體上的事情與改變，以及這些對她情緒上的影響。

✪ 運動

如同我們在第二章中所討論的，有氧運動是莎拉對抗憂鬱與焦慮的最佳防禦。

莎拉絕望的需要一些壓力出口。她自然是抗拒加入健身俱樂部或運動隊的，但是父母親可以陪伴她去，藉此鼓勵她。

舉例來說，莎拉可以跟父親可去騎自行車、跟媽媽去上游泳課、可以跟朋友一起報名去上飛輪課——任何讓她可以再次動起來的活動都好。國小時，莎拉足球踢得很好。當她情緒有改善時，重新踢足球是個絕佳的主意。

✪ 可以建立自信的活動

　　青少年時期，孩子似乎有拋棄兒時喜好的傾向：他們不再彈吉他或鋼琴、拒絕去上舞蹈課、放棄畫畫或水彩。很快的，他們就沒有任何有自我療癒效果的創意出口了。我很鼓勵馬可仕和麗莎讓莎拉重拾從前喜歡的活動。例如，莎拉小學時喜歡捏陶。去參加陶藝班對莎拉而言可能很有趣，也可以讓她重建自信心。

✪ 適當的治療

　　莎拉需要協助來發展出一套情緒的語言。壓抑情緒很可能只會助長她的蠻橫行為而已。適當的個人治療師可能可以幫助莎拉將挫敗感與恐懼訴諸言語，而不是用蠻橫的行為來發洩。適當的治療師可以幫助她正常處理覺得困難的地方，為自我表達開啟新途徑。適當的治療師也可以安排家庭會議，將莎拉與家庭動力（family dynamics）相關的不安感點明出來。

　　最後，同儕團體治療也能幫助莎拉學習如何去培養出更親密、更有益的友誼。來自於正面同儕團體的支持將會幫助她降低被隔離感，在與人交往時更為輕鬆。

焦慮型的蠻橫行為

　　焦慮型蠻橫行為的孩子有以下的特徵：

特徵

　　� 你家孩子持續處在神經崩潰的邊緣嗎？

　　➥ 他需要不斷的安慰和保證嗎？

- 他會用沒完沒了的恐懼和擔憂來折磨你嗎？
- 他會用極為焦慮的要求來強行脅迫你嗎？
- 你的孩子會用充滿焦慮的獨白來消磨你的意志嗎？
- 他會一直擔心別人的想法嗎？
- 他一個人獨處會有問題嗎？
- 他會不會無止境的希望你注意他？
- 他的社交生活很貧乏嗎？
- 你的孩子害怕在課堂上發言嗎？

焦慮型的孩子有種傾向，會在緊緊攀附父母或將他們遠遠推開之間，搖擺不定。當然了，孩子轉向父母尋求慰藉是天經地義的事，但是焦慮型的孩子煩人的功夫卻會讓人筋疲力竭。焦慮型的孩子可以說是毫無自我療癒的技巧，或是近乎沒有。他們一感受到威脅或恐懼，馬上就轉向父母尋求保證。一旦獲得安慰後，又會再次拒絕父母。這樣的循環，一再重複。

焦慮型孩子的心中是不希望依賴父母的，但是他們卻無法斷絕對父母的依賴。他們在表面上，外在攻擊性沒挑釁型的孩子強，但是蠻橫的行為──被一直不斷需求所強化的蠻橫行為，卻不比挑釁型孩子弱。

以下是最糟糕的情形：如果焦慮型的孩子沒有學會依賴父母，他們的父母也會變成啟動他們依賴感的人。出現這種情形時，孩子幾乎不離家，或是不去找他們人生中自己的路。

給予力量的愛，最終又把力量剝奪了。

🙂 焦慮型的優缺點

好處

　　和形之於外的挑釁型蠻橫孩子相比，焦慮型的孩子恐懼感太深了，所以不會讓自己置身險境，因此幾乎很少出現危險的行為。父母親大多數的時間可能都花在求他們走出房門，去外面的世界看一看。然而，父母愈是催促孩子出門，孩子就愈會陷入焦慮之中。在房間裡蹲著，遠比自家前門外的未知世界要令人安心多了。對焦慮型的孩子而言，熟悉感永遠勝過未知。

壞處

　　焦慮型的孩子在成長上會產生問題。任何不確定的、有風險的事情，都能讓他們焦慮感提升。結果，他們便錯失了許多成長的機會。

🙂 是什麼導致了孩子的焦慮？

　　有焦慮型孩子的父母常會想：

- ❥　我的孩子為什麼生來就這麼焦慮？

- ❥　我是不是做錯了什麼？

- ❥　是不是有什麼我不知道的事，導致他如此焦慮？

　　這些是值得深入探討的好問題。與其身陷在天生或後天這種自古的兩難之中為難，倒不如好好想想到底是天生還是後天，好好進行診斷，以獲得清楚的全貌。

　　舉例來說，我們就孩子的年齡、脾氣和家族史來看一看：

- 家族中有焦慮症的病史嗎？
- 你自己有過焦慮的問題嗎？
- 你家孩子是一直都很焦慮，還是突然之間焦慮起來的？

　　如果你有焦慮症的家族病史，那麼很可能孩子就是遺傳了這一個特質。也請你務必記住，焦慮是有傳染性的。焦慮的父母，或是家人之間充滿衝突、憂心重重都比較可能產生焦慮型的孩子。

　　雖然，你的孩子看起來可能滿身焦慮，但是，你還是有許多能做的事，可以幫你打破這種循環。首先，我們來看看如何改變可能讓孩子產生焦慮感的環境。

- 家庭習慣性的事，是不是出現過改變，像是搬家、換學校，或是開始新的課程？
- 孩子對於社交上的不安感是持續的，還是最近才發生的？
- 孩子最近是不是曾經歷了讓他心理受創的事？

　　情緒或是脾氣上的突然改變通常都有明顯的突發事件。要把這些事件指認出來很容易，因為這些事通常也會對全家造成影響。但話說回來，發展過程的變化常常會被誇大。

　　舉例來說，許多孩子在進入青春期之後發展出異於常人的焦慮感，這很常見。青春期，伴隨著激增而來的荷爾蒙、巨大的心理變化、以及心理的成熟，很容易讓十歲之前與十多歲孩子在心理上產生巨大的不安感。許多在小學個性很鎮定、冷靜、從容有度的孩子在上了國中高中後，就突然變得奇奇怪怪的。這些青春期的發展反應被稱為「常規性發展危機」。

　　想了解焦慮型蠻橫孩子的複雜性，我們來花點時間看例子。

焦慮型案例：痛苦的布蘭多

年齡：十三歲半

個性類型：挑釁型

最喜歡用的蠻橫技巧：發脾氣、威脅、崩潰

耍蠻橫的時候：「布蘭多！我們十分鐘之內出發！」莎曼紗從她臥室裡大聲吼叫，她順順衣襬、抓起皮包。房子裡，靜得出奇。「我說，我們十分鐘之內出發。布蘭多！」

懷疑最糟糕的事情會發生，莎曼紗往布蘭多的臥房走去，發現他正坐在床上，身上還穿著沙灘短褲。

✪ 第一階段：苦苦哀求

「拜託讓我留在家裡，」布蘭多出口試探母親。

莎曼紗緊緊的閉上了雙眸，決定不要再因緊張而頭痛。「那是生日宴會，很好玩的。」她回答道。

「拜託拜託啦！我不想去。」

「路易士在等你去。再說，每個人你都認識。」

「我知道他們，不過我又跟他們不熟。」

莎曼紗覺得脾氣一下子都上來了。「去穿衣服，」她要求道。

「我肚子痛，吃不下東西。」

「布蘭多……」

✪ 第二階段：糾纏不休

「摸摸我的頭啦。」

「你還有三秒鐘……一！」

「我不想去什麼愚蠢的生日宴會啦……」

「二！」

「那些小孩都被寵壞了。妳自己也說過………」

「三！」

「我老爸說妳很自私！」

這個把戲一向管用。改變話題，讓他媽媽分神，偏離原來問題。仔細看看，你會覺得很訝異！

「你老爸說什麼？」莎曼紗問道，她已咬下布蘭多丟下的餌。

「我保證過不說的。」

「他說過什麼？」

「他說妳根本不想生下我的。」

莎曼紗揉一揉太陽穴。一緊張就報到的頭痛又來了。「他這麼告訴你的？」

「我跟他保證過，絕不告訴你的……不過，是真的，他說過。」

布蘭多的計畫又開花結果了。

「好，你留在家裡不用出去了，」她開口，「不過，別給我看電視、不要玩電腦、打電話、玩平板，也別玩遊戲……」

「妳是因為我生病了才處罰我嗎？」

「你沒病！」

✪ 第三階段：使出蠻橫行為

「我恨妳！」

莎曼紗一邊朝著門走去，一邊在皮包裡翻著阿斯匹靈。「隨便你愛做什麼就做什麼！」她說，「我不管你了。」

布蘭多在她身後尖叫，「我真希望我有一個真正的媽媽！」

莎曼紗喊了回去，「我真希望我有一個正常的兒子！」

布蘭多一直等到聽見前門甩上的聲音，才從床上一躍而下，朝著電腦跑過去，上網去登進他最愛的遊戲網站。

☺ 案例分析

✪ 布蘭多的過去

根據莎曼紗的說法，布蘭多從一開始就非常焦慮。

「他瘋狂的在我子宮裡面狂踢，好像等不及要生出來一樣。」她說，「不過，他晚了三個禮拜才出生。即使那時候，他都還不知道自己想要什麼。布蘭多連自己的出生都不準時。」

布蘭多是個常會不明原因大哭的孩子，總是要人抱。不論他在莎曼紗的懷中睡得有多沉，只要一放下來，他立刻尖聲大哭，哭到滿臉紅通通。

莎曼紗從未想過要當個單親媽媽。「變成一個單親媽媽，孩子還有一個完全不負責任的爸爸不是我人生計畫的一部分。」她說。

莎曼紗每天回到家中都很晚了，她筋疲力竭，工作榨乾了她所有的精力。還不到晚飯時間，她就沉沉的在自己腳邊睡去。布蘭多要什麼，她就給他，這樣她好歹還能得到一點平靜的時間。

✪ 布蘭多私下的恐懼

從父母親離婚以後，布蘭多就嘗試從各個層面來控制自己的生活。他病態的緊緊抓著所有相同的東西：相同的書、相同的電視節目、相同的衣服。

除了蠻橫的行為之外，布蘭多還養成很多強迫性的病態習慣。他一再重複的觀看某個電視節目的某一段、一再重讀某些書、依照哪一天、什麼顏色、什麼料子來安排他的穿著。

吃飯甚至就更挑剔了，哪一些特定的日子非得吃什麼固定的東西不可。以下是例子：

- **早餐**：焦土司（不要奶油）、半個蘋果（去皮）、溫的葡萄汽水

- **中餐**：餅乾上塗花生醬，外加香蕉一根、一杯不加糖的紅茶

- **晚餐**：熱狗（用鍋煎、不要煮的）切成小塊、用顏色鮮豔的牙籤插著吃、微波爐無脂肪爆米花（布蘭多拒絕碰到爆米花，他宣稱，手指頭摸到爆米花的感覺讓他覺得噁心。）

強迫性的行為都是在嘗試建立一個對抗壓倒性焦慮的支撐力量。當布蘭多在這樣的強迫性行為裡面找到安慰時，安慰也不持久。他的焦慮感又回來了，因為焦慮真正的起因從未被好好的指出，或是對待過。

非常沮喪的布蘭多懷疑父親不再關心他了。他很少打電話，也不常來探望。

「今年，他甚至不記得我的生日。」

　　布蘭多被拋棄的感覺讓他一味的霸佔住母親。他緊緊黏著她，直到她因為他而感到窒息。當莎曼紗希望要有自己的空間時，布蘭多的痛苦就轉成了蠻橫的行為。被莎曼紗拒絕則挑起他那種被拋棄的感覺——以及蠻橫的行為。

　　在我們採取辦法介入處理之前，先來看看莎曼紗現在可以做些什麼。

☺ 立即有效的策略

　　以下是莎曼紗立即可以採行的動作。

✪ 設下限制

　　必須限制布蘭多可以玩電腦遊戲的時間。毫無節制的上網會讓他的疏離感以及強迫性行為的傾向提高。當網海遨遊開始取代了他進行更多創意活動與社交的地位時，就是該對他的網路存取設限的時候了。沒有了家長的監督或控制，布蘭多很可能會暴露在不適當的線上內容下，而這是他還無法理解的。這些東西會增加他的焦慮和不安。

　　當然了，布蘭多在母親設下限制時，一定會崩潰，但是莎曼紗的作法不能搖擺不定，她絕對不可以被布蘭多操控。她是在為兒子好的基礎上做了管教的決定，而不是他想要什麼給什麼。舉例來說，有些線上的服務可以提供父母限制網際網路的存取時間、封鎖某些網站、並過濾不適合的內容。

　　一旦設下了使用電腦和遊戲的時間，家長通常都會回報說，小孩蠻橫的行為有下降的情形，情緒也改善了。電腦遊戲的強度讓布蘭多持續處在過度的刺激之下。真實世界的所有事情都變成了對遊戲的分心。他變得愈來愈不耐煩、越來越衝動。失去了周全溝通的能力。而他愈是依賴網路，就愈無法去發展有意義的人際關係。

✪ 降低衝突

莎曼紗對布蘭多的挑釁，反應太大。這樣非但無法降低衝突，還會使衝突升高。當她稍後平靜下來後，就會被自己說過的話嚇到。她滿心懊惱的道歉。而她和布蘭多之間就不斷上演同樣的衝突，一次又一次。

降低衝突、確認感受、並讚美優點（詳細資料請參見第二章）都可紓解當時的壓力，減少布蘭多蠻橫的行為。莎曼紗如果覺得自己承受不了，那麼直接離開衝突的現場，整理一下自己的情緒，之後再回去。只要她以反擊的方式去回應布蘭多攻擊的行為，那麼要破壞她家中這種蠻橫的行為是沒指望了。

✪ 持家的責任

當父母的絕對不應該有自己是傭人或私人廚子的感覺。莎曼紗就是幫布蘭多做太多，才導致他有強迫性的行為。

布蘭多對家裡周邊的事情，完全沒有責任感。莎曼紗已經工作過頭了，還要煮飯、清掃他的房間、幫他洗衣服。多派些家事給兒子做能讓他變得比較有責任，也減少對她的依賴。

🌙 其他輔助策略

降低布蘭多的焦慮是我們優先要做的事。一旦做到了，其他可採用的介入方式就包括了以下各項。

✪ 家長支援團體

莎曼紗身上有累癱父母的所有跡象。我們已經看過了，沒有哪個父母在累癱的情形下還能充滿效率。

要降低布蘭多的蠻橫行為之前，莎曼紗必須先為自己找到更多奧援。單親的媽媽是非常辛苦的。她在家長支援團體中能找到的鼓勵和支持，可以讓她的管教行動復甦，降低她的反射反應，幫助她好好管理自己的情緒。

✪ 同儕團體的友情治療

布蘭多獨處的時間太長了。他越把自己隔離起來，沉迷於科技之中，反社會的情形就會愈嚴重。除此之外，他那病態的強迫性行為更會一發不可收拾。

布蘭多從同儕治療，或是加入年輕人的活動中，都可以獲得很大的益處。當然了，他一定會抗拒。太多家長在孩子對新事物說不的時候就放棄了。但是你做不出不受歡迎的決定，就成不了好父母。沒有這項介入，布蘭多的蠻橫行為就會形成他壓力的唯一出口，焦慮也會來來回回的一再出現。

友情會給布蘭多的生活帶來新的能量，給他成長的機會。布蘭多在團體治療中會遇到其他的孩子，而這些孩子可能正在承受父母離婚的苦果。他將不會感到如此孤立，也會獲得較好的支持，讓他有新的方式去應付壓力、自治能力變強，不會事事依賴母親。

✪ 家庭會議

短期的家庭會議可以幫助布蘭多和莎曼紗改善他們彼此的溝通技巧，設下限制，不再出言侮辱或是不尊重對方。布蘭多和莎曼紗必須去學習如何在不攻擊對方的情況下去表達挫折感。家庭會議也有助於兩人同意家中行為應有的規矩、限制、以及分寸。

✪ 兒童支援

　　我曾和好幾百個孩子的爸不負責任的單親媽媽一起工作過。姑且不論這些單親家長有多努力想保護自己的孩子，在孩子身邊的單親家長總免不了成為孩子唯一的出氣筒。

　　既然所有希望布蘭多爸爸能參與的努力都徒勞無功，而他也不提供孩子任何援助，我們鼓勵莎曼紗去提出法律訴訟。我們必須承認，這可能會是個讓人疲憊不堪的事，而且還極可能是場醜陋的戰爭。但是多一些經濟上的援助肯定能減輕莎曼紗在財務上的負擔，讓她比較有掌握權力的感覺。再者，她在挺身對付布蘭多蠻橫行為時，底氣也較足。

　　沒有人願意對家人提起法律訴訟，這或許是一場賭注，但就莎曼紗的情況來看，放手一搏對她很重要。容忍布蘭多的父親在不提供任何經濟援助的情況下進出他的生活，對布蘭多來說是一件很可怕的事情。就和許多被單親媽媽撫養的孩子一樣，布蘭多把所有對父親的挫折感都加諸在母親身上。

　　最近，我和一位多年來一直沒從前夫收到經濟支援的單親媽媽一起工作，她終於去找了一個律師。甚至不用上法院，就從那一位那裡收到一張兩年沒付過的撫養費。最後，她還問自己為什麼不早點採取行動。

　　站出來跟前夫力爭並要求自己值得獲得、也應該獲得的東西會讓莎曼紗更有力量站起來去處理孩子的蠻橫行為。

操控型的蠻橫行為

操控型蠻橫行為的孩子有以下特色：

特徵

- 你的孩子是不是很善於説謊？

- 你的孩子是不是有過偷竊的行為？

- 他知道如何挑起你的恐懼感嗎？

- 當你拒絕了他的祈求時，他的情緒是不是降到谷底？

- 你是不是被他下過黑函，威脅要自我傷害？

- 你的孩子是不是經常逃學或是曉課？

- 你的孩子曾經裝病嗎？

- 他不是有過嗑藥或酗酒的前科？

- 他被學校留校察看過嗎？

- 他會不會占朋友的便宜？

如果你對自己管教孩子的方式心存恐懼、沒有確定感，那麼要不了多久，操控型蠻橫行為的孩子就會聞風而至，過來大作文章，如果你是焦慮，或充滿罪惡感的父母，情況更是如此（我們會在第五章中進一步探討焦慮型以及罪惡感深重的父母傾向。）

假裝生病或受傷、精心虛構情節、勒索、寄黑函——這些都是操控型蠻橫孩子用來勒索父母，藉著讓父母焦慮、進而產生自我懷疑念頭來折磨父母，從父母處取得他想要的、需要的東西的手法。

這種操縱型的蠻橫孩子聽起來就像個惡魔，註定會毀了全家。當然了，這不是真的。就和挑釁型與焦慮型的蠻橫孩子一樣，操控型的蠻橫孩子是想藉著控制自己週邊的環境，以及其中的每一個人，嘗試來處理自己的恐懼與不安感。深入操控型蠻橫孩子恐懼的深處，幫助他將恐懼訴諸言語，就是幫助他的關鍵，能幫助他培養出較好的關連感。

在我們進一步深入探索操縱型蠻橫行為背後的機制之前，先花點時間來看看瑪莎吧。她十幾歲，卻持續不斷的操縱父母，利用他們的善意佔便宜。

操控型案例：我行我素的瑪莎

年齡：十九歲

個性類型：操縱型

最喜歡用的蠻橫技巧：讓人產生罪惡感、懷疑、惶惶不安

要蠻橫的時候：「幹嘛要跟一群顯然是嫉妒我的人一起擠在宿舍裡生活啊？」瑪莎要求。

瑪莎是人人稱羨的對象。高挑纖細，一頭蓬鬆的紅棕色秀髮及一對榛色的眼眸，她似乎擁有一切。她長相動人、有愛她的父母，以及美麗的居家生活。那麼，她究竟為什麼連高中都畢不了業呢？

當瑪莎衝進父母的家中，把他們驚醒，要求開家庭會議時，時間是清晨兩點。維特和亞蔓達睡眼惺忪的坐在餐桌旁時，瑪莎正在廚房走來走去。

維特和亞蔓達交換了了然的眼神。他們知道接下來要發生的事

情：瑪莎又要再次從高中退學了。他們曾經希望，讀寄讀學校能讓她有所不同，現在他們可失望了。

瑪莎打開冰箱，看有什麼好吃的。「我不打算回去學校。」

維特嘆了一口氣，「妳可以做到的。」

瑪莎在烤雞腿上咬了一大口。「學生在宿舍房間裡吸毒，感覺和一堆罪犯一起生活似的。」亞蔓達希望女兒能用刀叉吃東西，但她什麼也沒說。

維特翻翻白眼，「妳誇大其辭，一如往常。」

「我告訴你了，」瑪莎說道，「我不回去。你幹嘛那麼遲鈍啊？」

現在，亞蔓達跳出來行動了，「我們明天早上再說。現在大家都累了。」

維特終於發火了。「我告訴你我很討厭……」

「如果學校不適合她，那就是不適合。」亞蔓達說道。

瑪莎知道這套老劇本：她父親會提高聲量，然後母親開始哭。

「如果你們非得叫我回去，我可不知道自己會幹出什麼事，」瑪莎說著哭了起來，把臉用手蓋住。亞蔓達去抱了她。

「我早上打電話給學校。這是妳的家，隨時歡迎妳回來。」

亞蔓達遞了一張餐巾紙給瑪莎，那時維特正用雙手捧住頭。

「謝了，媽。」

❤案例分析

✪ 瑪莎的過去

　　瑪莎是個老來女，她媽媽在四十五歲生日前夕生下了她。維特和亞蔓達用各種禮物來嬌寵他們唯一的孩子。雖然他們的收入只是中等，還是辛辛苦苦的撐著供給瑪莎，讓她能過著好日子。

　　不幸的是，他們的寵愛卻養成她理所當然、缺乏感恩的心態。一直以來，瑪莎都是我行我素的。當別人不支持她的時候，她就說別人是嫉妒她，對她有惡意。更糟糕的是，只要一遇到問題，瑪莎就依賴父母去幫她收拾。如果她在班上表現不佳，維特和亞蔓達就會怪罪老師，並支持她去換個新班。瑪莎和同儕發生衝突時，維特和亞蔓達就表示瑪莎是「幫人頂罪，被人聯合起來欺負了」。一直以來，在父母的護佑下，瑪莎總是逃避著自己的責任。

✪ 瑪莎私下的恐懼

　　孩提時的瑪莎，只要聽到維特在夜裡大聲，就會從床上跳起來，奔到父母的臥房，把父親的怒氣導向自己，不讓怒氣波及母親。接受了她保護的亞蔓達在不知不覺中，讓瑪莎和她父親之間產生了嫌隙，維特覺得很孤單，在自己家中漸漸沒有了地位。

　　瑪莎認識的人很少，對家人以外的人非常不信任。只要跟人稍有不和，或產生挫折，立刻就突然與人斷交。這讓她除了父母之外，同伴變得很少。你也猜得到，瑪莎根本就不想自立生活或離開家。這是因為不成熟，不過也是出於一種責任感，覺得自己必須保護母親，不讓她受到爸爸脾氣的傷害。

✪ 家庭動力

對女兒的抱怨抱持放縱的態度，試圖幫她解決所有的問題，維特和亞蔓達的愛，事實上已經降級成啟動她現在個性的因素了。這樣的作法導致瑪莎個性依然停留在幼年期。她在情緒上從未經歷過與父母的正常分離，所以她事事依賴，要他們滿足她、幫她排除挫折。

瑪莎對父母不尋常的親密和依賴也是讓她與無法與他人和諧相處的原因。她以為人人都應該像父母一樣哄她——一旦人家沒那麼做，她就覺得受到傷害、被人背叛了。

☻ 立即有效的策略

以下是瑪莎父母立即能採取的行動。

✪ 與學校方面聯絡

維特和亞蔓達應該立刻與學校聯絡，看看對於這樣的情形，有什麼處理方法。一定要安排家人與學校方面的主事人員會談，這樣瑪莎的問題才能被了解。瑪莎要開始對自己的行為負責，不再依賴雙親為她解決所有問題，這一點非常重要。

大部分的寄宿學校都有輔導室有訓練有素的輔導老師或諮詢人員，能夠幫忙處理這樣的情況。瑪莎如果能和校內的輔導老師合作，對她會很有益處。可以幫助她進行正面的調整，讓她適應校園生活。

✪ 訂定統一的管教目標

維特和亞蔓達愈早在管教目標上取得一致看法愈好。他們之間的衝突對會侵蝕孩子的福祉。習慣在瑪莎面前爭執管教上的決定會讓瑪莎沮喪，讓她出現操縱的傾向。

如果事實證明要維特和亞蔓達在私下協調很困難，那麼他們應該去找家長指導員或治療師，這些人都可以幫助他們保持一致的看法。這麼做也能加強他們彼此間的關係、讓溝通獲得改善，也讓他們了解，父母在管教子女上意見分歧，對女兒的傷害有多大，而且還會挑起她操縱型的蠻橫行為。

☺ 長期介入策略

學校的危機解除後，長期性的介入方式如下：

✪ 瑪莎需要更多社交出口

瑪莎需要家人以外的社交關係。這樣的關係可以透過兼職工作、實習、青年專屬活動來建立。這類的經驗可以幫助瑪莎多依靠自己，少仰賴雙親。自己賺錢、改善社交生活、發展更多有意義的友誼都能幫助瑪莎更自信、覺得有成就感。最後，她就會領悟過來，要自己有被尊重或被重視的感覺並不需要透過操縱父母或是蠻橫行為得來。

✪ 家庭治療

如果家中的衝突依然持續，家庭治療能提供維特、亞蔓達和瑪莎一個可以抒發心中不滿、改善他們之間溝通的場合。

瑪莎蠻橫行為的主因並未被指出：她覺得父母的問題關係是個負擔。維特覺得妻子疏遠了他，女兒背叛了他。亞蔓達害怕丈夫的

壞脾氣，依賴瑪莎當她的情感支柱。而除非瑪莎覺得父親能以不發飆的方式解決與母親間的衝突，否則她的生活就無法繼續前進。

有技巧的家庭治療師能夠幫助家中的每一個人表達這些他們關切的事，並想出新的方式來相處。這將可以降低緊張程度、讓全家都大大獲得舒緩。這種對話聽起來似乎很基本，但是沒有治療師介入督導，可能還會覺得不可行。

我們已經見過很多可能會出現蠻橫行為的孩子，現在就花點時間來看看最可能被子女蠻橫對待的父母，並找出為什麼他們本身，可能才是子女錯待他們的真正原因。

我的教養日誌

128

Chaper
5

助長蠻橫行為的
管教形式

父母形形色色，什麼類型都有：嚴格的、容易說話的、母老虎型的、以及模擬兩可型的。在本章，我們要來仔細檢視這些讓孩子養成蠻橫行為的管教形式。沒錯，真正助長蠻橫行為的正是這些管教形式：

- 罪惡感型父母

- 焦慮型父母

- 萬事有我型父母

從這裡開始，我們要進入的領域有點微妙，所以請保持開放的心態。在第四章中，我們體檢了最可能產生蠻橫行為的孩子。而這裡，我則要提出三種管教的形式，這是研究兩代被蠻橫對待的父母後歸納得來的。這些不是刻在石頭上的鐵律，而只是想提供你一個更寬廣的框架，讓你了解你的管教形式、你管教孩子的選擇是如何造成的，以及這些形式是如何助長孩子蠻橫行為的。

請記住，管教方式之間是有交集的。你可能馬上就認出自己屬於其中的某一型、某兩型的組合、或是三型都混合著使用。先把這些形式說清楚，目的是要先讓你了解與你管教方式最相像的形式，然後才能幫助你避開該形式產生的陷阱與併發症狀。

罪惡感型父母

我們先從我最喜歡的類型之一開始。當你閱讀下列問題時，看看是否有哪一項讓你心頭鈴聲大作。有哪些特質讓你似曾相識？

特質

- 小孩有問題時，你有責備自己的傾向嗎？

- 當你犯了管教上的錯誤時，會用力撻伐自己嗎？

- 你會很負面的拿自己和其他父母相比嗎？

- 你在小孩面前，會看不清是非對錯嗎？

- 你會對身為父母所說過、或做過的事感到後悔嗎？

- 你會用禮物或是獎勵減輕自己的罪惡感嗎？

- 你會幫孩子蠻橫的行為找藉口嗎？

- 孩子明顯有錯時，你還會說服自己他是對的嗎？

- 你會因為覺得自己是個失敗的父母而內心掙扎嗎？

　　如果以上問題，你答「是」的次數達四次或四次以上，那麼你很可能是個心懷罪惡感的父母。歡迎來到這個人數非常龐大（其實很拙）的俱樂部。

　　不必煩惱。所有當人父母的，偶而都會產生罪惡感，這是無可避免的。你一直在面對困難的決定——會讓你生出罪惡感的決定、會讓你孩子不喜歡的決定。要做個好父母，不偶而做一些不受歡迎的決定是不可能的。

　　當你開始**擺脫罪惡感**，獲得信心時，別期望孩子會喜歡新的你。蠻橫的行為很習慣在心存罪惡感的父母身上找到可以通行的路。當你加強你的管教技巧之後，請等著增加衝突、崩潰和抗議吧。沒錯，當父母親開始挑戰常態性的行為時，蠻橫行為通常會更加惡化。

　　你正準備改變遊戲規則，而這將會挑起孩子的抗拒心理。敬請期待他來測試你的解決之道吧！

不過，當我們設計出一套計畫來解除蠻橫行為之前，得先來好好研究一下你的罪惡感。要當個有效率的父母，你必須脫離罪惡感的控制。

☺ 罪惡感型父母為什麼懷著罪惡感？

如果你是個心裡對孩子有罪惡感的家長，那麼自責是家常便飯。事情出了錯，一定是你的錯；事情不順心，要責怪的人是你。

無論何時，只要我遇見心裡有罪惡感的家長，心中就會浮現許多問題：

❧   他們罪惡感真正的來由是什麼？

❧   為什麼他們自我批評的程度這麼強？

❧   他們被喚醒的是哪些在管教上的不確定？

如同我們在第三章中了解到的，你對管教的態度主要來自於你的過去經歷。意思是，你這罪惡感早在你擔任父母角色之前就產生了。為人父母，只是讓這種感覺擴大，浮出表面。

大部分心裡有罪惡感的父母都是因為被自己的父母嚴厲對待過。他們的父母可能很會批評人、愛跟人唱反調、追究別人的責任。他們輕蔑的語調留下有毒的刻痕，化成揮之不去、時時自我批判的羞恥感。

當父母責備孩子時，孩子會開始懷疑或質問自己的判斷是否正確。孩子對自己的能力失去了信心，在恐懼與羞辱感之間掙扎。而當這些孩子為人父母後，那些不確定的感覺依然跟隨著他們。事實上，管教子女還會讓他們自我貶低的情緒更加強烈。

罪惡感讓你做出悔恨的決定

當你對自我有所懷疑時，是不可能做出頭腦清楚的決定的。事情一旦出了錯，心裡有罪惡感的父母就會因為一堆的「應該怎樣怎樣」而痛苦不堪。

「我早就應該知道會這樣。」

「我應該要更小心的。」

「我應該聽自己的，放膽去做。」

如果反省能激起你產生更大的正念，那麼反省沒有什麼不對。但是，心有罪惡感的家長走不了那麼遠。對他們來說，罪惡感是一股處罰的力量，阻斷了內省的光輝、讓你無法產生自信或是降低自信。隨著時間過去，他們連對下最基本的管教決定都質疑、心存疑問、或驚慌失措。

罪惡感型的父母讓孩子更蠻橫？

孩子們很快就能看透父母親的罪惡感了。父母親的猶豫不決、缺乏信心，他們都能感受到。在他們眼中，父母是軟弱、沒有效率的。

當孩子進入測試期後，一般來說，罪惡感型父母要維持說服力就大有問題了。他們只要孩子一催力要求，馬上就會屈服，以避免衝突的發生。當孩子發現可以藉著讓父母產生罪惡感的方式來進行控制後，他們就慢慢開始以蠻橫行為作為手段，來達到目的。在你意識到之前，這種罪惡感型父母的親子關係，很快就變成他們與自己父母關係的鏡像了。正如同他們的父母以責備為手段，行控制與操縱之實一樣，他們的孩子也做出同樣的事。罪惡感型父母開始接

受責備，正如他兒時一樣。

罪惡感型父母專注又熱誠，毫不猶豫就能為孩子奉獻一切。問題是，他們對於罪惡感的反思會漸漸傷害到親子關係以及孩子對他們尊重。罪惡感型父母太過寬容、太放縱子女、也太會避免衝突與正面對應的場合，無法提供孩子所渴求的領導力。

不過，這裡要講的才是最糟糕的部分：用罪惡感滋養著的管教決定，不能消滅罪惡感的感覺，反而讓它繼續存在下去。而這是心懷罪惡感的父母最不需要的一件事！

要真正體會罪惡感型父母的為難，了解他們內心的掙扎，我們來看看一位撫養著一個十多歲、有操控型蠻橫行為孩子的家長吧。

罪惡感型父母案例：自責的珊卓拉

情況：職業婦女，有丈夫和兩個孩子

管教型態：罪惡感型

孩子的蠻橫行為類型：操控型

弱點：懷疑、自責、猶豫不決、害怕拒絕

耍蠻橫的時候：

珊卓拉站在自家前門的車庫裡，頭頂上的燈光黯淡，她一手抓著車鑰匙，一手握著紗門冷冷的把手。她心想，「我真不敢相信我居然會偷偷溜進自己的家！」

突然之間，她十三歲的女兒喬安娜出現在紗門的另一邊。「妳沒趕上吃晚飯，」她說道。

珊卓拉喘了一口氣。「對不起……我……」又道歉了！珊卓拉

跟自己保證過要停止這種行為的。

喬安娜冷笑道，「幹嘛還要回家呀？睡在辦公室裡就好了啊。」

今天，珊卓拉把當地報紙的一家大廣告客戶拿下來了。在工作上，她很振奮。但現在，回到了家，她覺得自己是個失敗的人。她丈夫布萊恩和可愛六歲小女兒珊咪的愛都不足以讓她的罪惡感終止。事實上，有時候他們不經意流露的言語讓她感覺更是糟糕，甚至連珊咪的問候都能讓珊卓拉的罪惡感跑出來。「歡迎回家，媽咪！老爸讓我可以晚一點睡，這樣才能看到妳。」

珊卓拉一想，一道罪惡感油然而生，「真那麼晚了嗎？」

喬安娜把家庭作業丟到一旁，砰砰跑上樓，回她房間。珊卓拉在後面叫她。

「我明天休假，一起去看電影，怎麼樣？」

「不必，謝謝。」

「吃中飯呢？」

「帶我去買衣服。」

「好。太好了！」

喬安娜的衣服很多，珊卓拉知道的。但是，購物是他們剩下唯一共處的時間。珊卓拉從沒想過她是在用不被感激的禮物去犒賞喬安娜蠻橫的行為。

珊卓拉什麼都有：一個愛她的丈夫、漂亮的孩子、美麗的家以及興旺的事業。那麼，她到底有什麼好感到罪惡的？

在我們把能將她權力帶回的工具交付給她之前，必須先來清理她那些負面的自我談話。我們從套用第三章中學來的技巧，檢視她罪惡感的由來開始。

💜 案例分析

✪ 偶像般的父親

　　珊卓拉很崇拜自己的老爹，他是個必須到處出差旅行的銷售員，非常受到客戶的喜愛。她耳中似乎還能聽見從前門走進來的父親，用他的中音大聲唱著，「我回家囉，你們這群幸運的傢伙！」

　　珊卓拉超愛他以巨人式的熊抱，將她舉離地面。

　　「我的大女兒怎麼樣了呀？」

　　當他一回家，珊卓拉總是用滿滿的親吻歡迎他。他則用愚蠢可笑的小故事，以及從遙遠的、充滿異國風情的紐澤西和康乃狄克州帶回來的特殊禮物犒賞她。

　　珊卓拉內心渴望喬安娜也能用相同的方式招呼她。只是，她獲得的只有諷刺。即使她幫喬安娜帶回禮物，喬安娜也是冷冰冰的拒絕，讓她充滿失敗的感覺。

　　「我絕對不會穿那個的。」

　　「下次，給我錢就好。」

　　「妳覺得我會喜歡這東西嗎？妳到底知不知道我是誰？」

✪ 愛批判人的母親

　　珊卓拉的母親有一張尖酸的臉，老是在告訴人她對你不以為然。她不支持珊卓拉回職場工作的決定，而且一有機會就不斷提醒她。

　　「如果妳早早留在家裏，就不會這樣和喬安娜鬥來鬥去了。」

　　「讓妳丈夫一個人來照顧你們的孩子，妳太自私了。」

「當母親就只有一個職責——好好去當個母親。我從來沒因為錢就拋棄我的孩子。」

珊卓拉不理會母親批評的話,她說母親是老古版、不合乎潮流。不過,母親不贊同的聲音在她心頭纏繞不去,引發她的罪惡感。珊卓拉內心的批評聲浪愈來愈大、也愈來愈強烈。她在想,當個好母親又同時擁有自己的生活,是一件不可能的任務嗎?

✪ 疏離的丈夫

一開始,布萊恩對珊卓拉能重回職場表示了興奮。但現在,她可以感受到來自他的怨懟之意。她回家時,他冷淡的和她打招呼,面對喬安娜的攻擊時,也從未出言相護。晚上,他睡在自己那邊的床上,當她主動接觸時,他則轉了個身,面牆去了。他們以前經常享受魚水之歡,但是現在珊卓拉連上次親吻是什麼時候都記不得了。

另一方面,布萊恩與女兒的關係是前所未有的好。他們常常一起笑、一起出去吃晚飯、一起去看電影——這些全是珊卓拉曾經跟丈夫一起做的事。她心想,「喬安娜是不是取代了我?」

✪ 珊卓拉私下的恐懼

每晚上了床,珊卓拉都要重演一次自己與喬安娜的對話。她想過一萬次回應喬安娜諷刺的方式。但是當第二天時間一到,她腦子裡就一片空白。

珊卓拉沒察覺喬安娜是在利用那些夾槍帶棒的傷人言語來挑起她的罪惡感,讓她擁有凌駕母親的權力。母親的罪惡感讓喬安娜擁有自由、能夠花錢、買衣服。

珊卓拉並不知道這些,因為罪惡感遮蔽了她的洞察力。在經過與喬安娜傷害的往來後,珊卓拉一心認為她是個失敗的母親。

💚 立即有效&長遠的建議

以下幾種方法都是珊卓拉可以用來處理罪惡感問題的。

✪ 建議 1：與丈夫重新結盟

在珊卓拉處理女兒的問題之前，應該先讓自己和丈夫的關係回到正軌。

婚姻失敗的夫妻都表示，不良的溝通是他們問題的首要原因。當家長教養的責任增加之後，許多夫妻都失去了性愛的驅力與親密。他們花太多時間去服務子女，卻沒留足夠的時間來關心照顧自己的婚姻。結果，夫妻關係就跌入難以修復的深淵。

婚姻需要維繫才能順利經營。珊卓拉和布萊恩愈是把自己的情緒與感受隱瞞起來——挫折、憤怒、不滿——他們之間就會愈冷漠、愈行愈遠。把情緒隱藏起來，這情緒往往就會轉變為恨意，而恨意擁有讓任何關係逐漸麻痺的力量。

當婚姻中缺乏了親密，當父親或母親的可能就會過度仰賴子女來填補自己對親密的需求。布萊恩和女兒的親密是有問題的，因為過於專屬：它將妻子拒於門外，也讓他們的管教方式產生歧見。

珊卓拉和布萊恩必須先修復他們的關係，再度出門去約會，找時間在孩子不在身邊的時候相處，一起探索新的活動。如果他們之間的距離變得愈來愈遠，婚姻諮詢應該可以協助他們點燃曾經在彼此身上感受到的熱情。然後，在兩人的關係回春之後，要建立起一致的教養目標就容易多了，這樣也才能去終止喬安娜的蠻橫行為。

✪ 建議 2：尋求個人治療

珊卓拉有不斷自我懷疑的問題。她有困難，無法下決定、她逃避不去面對女兒的蠻橫行為，也拒絕去面對丈夫，或要求他的支持。

這些全部會擴大她的不安感，造成罪惡感。

和許多被蠻橫對待的父母一樣，珊卓拉的困難深植於她的過去。和治療師談一談將能大大舒緩她的問題。一旦能深入了解她的情感，了解罪惡感是如何控制了她，她將可以獲益良多。個人治療也能幫助他從自我懷疑的毒中解放出來，而那正是助長喬安娜蠻橫行為的養分。

加入職業婦女媽媽支援團隊對珊卓拉應該也有幫助。她的掙扎，其他女性都能深深體會，工作與照顧家庭之間的衝突更不是什麼新鮮話題。來自與她有相同問題女性的支持對於她會是個很大的舒緩與鼓舞。最重要的是，這樣的團體可以終結珊卓拉的孤立感，幫助她發展出特定的策略來加強她的管教方式，重新塑造她的關係。

✪ 建議 3：與青少年治療師合作

助長喬安娜蠻橫行為的是什麼呢？她為什麼愛鬧情緒呢？

喬安娜的生活中可能有些情緒上的緊張情況，是她不曾跟父母分享的。毫無疑問，喬安娜在母親的婚姻中的確扮演著衝突的角色。當她享受著與父親親密關係的同時，內心深處也覺得將母親排除在外是很壞的事。與雙親之一串通共謀，對付另外一個對孩子的心理是會造成傷害的。這通常會導致蠻橫行為。

當喬安娜當著面傷害她母親時，布萊恩保持沉默是個問題。不出聲面對女兒就等於在支持她的蠻橫行為。

和許多十幾歲的青少年一樣，喬安娜或許無法將自己的恐懼與父母分享。與青少年心理治療師或諮詢師一起合作可以給她一個場所，讓她道出心中憂慮的事，獲得更多的支持。

 ## 焦慮型父母

特質

- 你會無法克制的去擔心孩子嗎？

- 你會想像發生最糟糕情況嗎？

- 你會害怕孩子拒絕嗎？

- 你會緊靠著孩子尋求安慰嗎？

- 當孩子排斥你時，你會覺得受傷嗎？

- 你在社交上是不是蠻孤立的？

- 你有焦慮症病史嗎？

- 你在衝突時，會驚慌嗎？

- 你一焦慮會頭痛、背痛，或是身體其他地方出現疼痛嗎？

- 與其當孩子的父母，你是不是更希望當他的朋友？

如果你是個焦慮型的父母，你就像是帶著每日呵護的一籃擔憂四處逛。你四下漂浮的焦慮會黏附到與孩子相關的全部恐懼與擔憂上。當你的焦慮失去了控制，你就開始無法自抑的去擔心孩子生活上的每一個細節。

每一位好父母都會經歷焦慮。當你跨進為人父母這一關，你的世界觀就會產生巨大的改變，你會開始出現以前從未有過的恐懼與擔憂。你擔心孩子，你放眼所見，處處都潛藏著危險。

這份焦慮助長了你保護孩子的衝動，而保護正是幾乎所有生物都會經歷的愛的表現。但是，無論你如何努力，也無法保護你的孩

子一生順遂，沒有困難（參見第八章，7個管教的危機，裡面會把這些挑戰詳細列了出來）。

當孩子努力想獨立時，令人憂心的事情出現了，而焦慮的父母則趁著這股衝動，把孩子過度保護。他們在控制自己焦慮的同時，也試圖去控制孩子。他們開始過度介入孩子生活的每一個層面。這樣自然會引發怨恨和背叛。

令人悲傷的是，焦慮型的父母保護得愈多，就愈覺得孩子並不感激，也誤解他們。

焦慮型父母讓孩子更蠻橫？

焦慮型父母常常會變成喋碟不休、令人煩厭的人，他們過度分享他們的恐懼、用憂慮來綁束孩子，或是對孩子的能力表示懷疑。問題是，孩子因為父母對他們缺乏信心的方式對待，而經歷了父母的焦慮。

「我媽為什麼不相信我？」

「我爸為什麼老是懷疑我？」

「我的父母難道沒發現，他們的擔憂會變成我的壓力嗎？」

沒有孩子會從口出「末日之聲」，句句憂心忡忡的父母身上獲益。父母的焦慮會助長孩子對自我的懷疑，讓他們開始怨恨父母，覺得被他們持續不斷的擔憂壓得沉重無比。為了自衛，避免受到父母恐懼的傷害，很多孩子開始出現蠻橫行為，試圖要建起界線。

和緊張兮兮的人一起過日子，壓力真的會很大，容易讓人做出會後悔的事情來。有人持續不斷的在你身邊發愁擔憂，日子實在很難過。時間久了，肯定會傷及彼此的關係。

😊焦慮型父母為什麼焦慮？

就和充滿罪惡感的父母一樣，這也是有由來的。焦慮型父母在為人父母之前，很可能就很焦慮了。有了孩子，只是讓恐懼加大。

許多焦慮型父母兒時並未從父母那裡獲得情緒上的支持與關愛。長大成人後，他們在信任他人方面就發生了問題，有孤僻的傾向，會選擇逃離不喜歡的親密感或衝突。能和他們建立親密關係的人不多，所以他們很多人都有變得抑鬱，或是太過依賴孩子的風險。

當他們的孩子開始渴望更大程度的自立，焦慮型的父母就覺得自己被背叛或拒絕了。

在更進一步深入探討前，我們來親近一下焦慮型的父母，看看她是如何是試圖控制兒子的回馬槍的。

焦慮型父母案例：總是擔心的桃樂絲

狀況：在家的單親媽媽，一個孩子

管教形式：焦慮型

孩子的蠻橫形式：挑釁型

弱點：社交上孤僻、過度依賴兒子

耍蠻橫的時候：

桃樂絲非常喜歡她十七歲的兒子史都華。他高高瘦瘦，有一頭蓬飛的紅髮。在搖滾樂團中玩吉他是他感到最輕鬆的時候。這件事讓他擁有許多崇拜他的粉絲。（他是個萬人迷，有雙略帶悲傷的眼眸。我還需要講更多嗎？）

踏進桃樂絲她家就像是走進史都華的名人館。桃樂絲家的玄關用了好幾十張史都華的照片來歡迎你──穿尿布的史都華、史都華展

示他第一顆牙、史都華彈著他的第一把吉他。當你把照片一眼掃過，你會發現其中沒有史都華的近照。十二歲之後的照片，完全停了，一張都沒有。

史都華的整個童年時期，桃樂絲都超愛幫他準備大餐。她期待聽他講起白天學校裡的點點滴滴。她喜歡他們共享的親密。然而現在的史都華吃飯囫圇吞棗，桃樂絲在想，他到底有沒有嘗進一點味道。一吃完飯，他就一溜煙的奔回房間，鎖上了門。

桃樂絲不喜歡她在史都華身上看到的變化。她竭盡全力去忽視心中不好的感受。

在他生日的早上，史都華宣布他不會回家吃晚餐。桃樂絲徹底崩潰了。面對母親的問題，他不滿的用一兩個字來回答。

「你要去哪裡？」

「出去。」

「跟誰呢？」

「朋友。」

「從哪裡去呢？」

「學校。」

全身顫抖的桃樂絲鼓起力氣，宣布，「你哪裡也不能去。你被禁足了。」

史都華大聲爆笑出來，撕裂了桃樂絲的心。

「妳真好笑呢，」他說道，吞下嘴裡的柳橙汁，抓了一片吐司，往門口走去。

桃樂絲在他身後叫道，「放學後直接回家。」

「不可能。」

「我警告你。」

「少來煩我吧，桃樂絲。」

這是他第一次叫她「桃樂絲」，而不是「媽」。史都華離開後，桃樂絲的淚止都止不住。

我們來研究一下桃樂絲的過去，看看她是如何利用與兒子的關係來填補生活中的空隙。

案例分析

✿ 寂寞的童年的影響

整個中小學時期，桃樂絲都是個又安靜又笨拙的孩子，她朋友很少，喜歡愛情幻想小說。被母親拋棄的她，奶奶佩蒂是唯一一個家人。她們住在一起，幾乎很少有訪客或朋友上門。

桃樂絲高中以後，奶奶佩蒂的健康情形開始變壞。桃樂絲變成照顧奶奶的人，當她同儕去參加派對、準備升大學時，她要煮飯、買東西。奶奶派蒂一直等到桃樂絲高中畢業典禮過了才安靜的撒手人寰。

✿ 社交及情感上的孤立

桃樂絲一次短暫的浪漫關係（笨拙到不想在這裡描述）製造出了史都華。她就和祖母一樣，在沒有家人或伴侶的支持下，獨力撫養孩子。

在史都華一整個童年時期，他都是桃樂絲不變的同伴。不過，青春期讓一切發生了變化。現在，他愈獨立，桃樂絲被拋棄的感覺和孤獨感就愈強烈。

☺ 貶低自我的內心獨白

桃樂絲無法停止對自己自言自語的批評。即使在美好的時刻，她耳中還是低迴著負面的聲音。

「全部的人一定都會離妳而去。」

「妳讓人無法去愛。」

「史都華恨妳。」

😊 立即有效＆長遠的建議

桃樂絲需要分幾個階段來解決她的焦慮問題。

☺ 建議 1：投入社交活動

事情很清楚，桃樂絲太孤立了，也太依賴史都華了。除非她能有新的關係、找到有意義的工作、或是在社群中更加主動活躍，不然她焦慮的情況很可能提高，而她也徹底變成了隱士，就跟她祖母一樣。

失控的焦慮情況隨著時間愈變愈嚴重，這樣的狀況，日子是過不下去的。先讓桃樂絲的焦慮獲得控制是首要任務。之後，我們才能把重點轉到她與兒子的關係上。

☺ 建議 2：幫史都華找諮詢

史都華的蠻橫會讓他自己有罪惡感。他後悔發了脾氣，他不想藐視母親，只是，他也忍不下母親所挑起的挫折感。在學校裡，他脾氣平和、頗有幽默感。不過，一回家聽到她聲音，他整個人就緊繃起來了。有時候，她想抱抱他，他都直覺性的推開。現在是還在

上學的年紀，他是不能太快離家的。

　　無論你幾歲，有個焦慮的父母都是一種負擔。孩子會有一種傾向，覺得應該為父母的焦慮負責，他們也因此自責。這正是淚眼婆娑的桃樂絲無法打動史都華的原因，他同情不了，只會生怨。

　　幫史都華找一位男性治療師進行諮詢，紓解效果可能較好。史都華生命裡從未有過父親的角色，也沒有男性監護人。讓父親拋棄造成他心裡的空虛及怒氣，他既無法理解，也無法開始跟母親表達。每天，他都被自己不了解的思緒及情感消磨著。男性的治療師可能可以幫助他學習探索並表達這些情感，而不是用蠻橫的行為來對待母親，紓解壓力。

✪ 建議 3：尋求家庭諮詢

　　桃樂絲的情感需求讓史都華產生了蠻橫行為。她愈是依附著他，他對她就愈生氣。叫母親的名字是象徵性一步，更堅定的隔開了他和母親之間的情感界線。

　　史都華的治療師也可以安排與桃樂絲的家庭會議，而目的在降低母子之間的緊張程度，改善他們的溝通。蠻橫的行為對任何人都沒有好處，桃樂絲和史都華都嘗到了這個苦果。問題是，他們缺乏可以用來幫助談論彼此之間恐懼與不安感的工具。技巧純熟的治療師可以幫助他們做到這一點，並提供他們一個場合來解決衝突、表達心中的擔憂，而不傷害到彼此。

 萬事有我型父母

特質

❥　你發現孩子的不快樂會讓你痛苦萬分嗎？

- 為了不讓孩子受苦，你什麼都願意幫他做嗎？

- 對孩子學校的成績，你比他更有雄心壯志嗎？

- 你覺得，孩子還沒能把潛能發揮出來嗎？

- 你是個連瑣碎小事都管的人嗎？

- 你是不是無法容忍孩子的不果斷？

- 你愛跟其他家長攀比嗎？

- 你在孩子學校的表現，比孩子更為活躍嗎？

- 你對孩子的未來，是不是有一個不能改變的看法？

- 孩子拒絕你的時候，你是不是會有受到傷害的感覺？

萬事有我型的父母表現真正很英雄。他們很能感受別人的情緒、專注力高、能進入狀況。當事情出問題時，他們的反應很快，能立即在片刻之間解救孩子，不讓孩子遭受挫折。

他們樂於幫孩子解決問題、提供解決辦法。他們對子女很是縱容，不建議子女依賴他們。

這所有的特質看起來似乎充滿愛意，不是嗎？那他們的孩子為什麼還要蠻橫對待他們呢？

萬事有我型父母讓孩子變得蠻橫？

如我們在第一章中所提到的，阻礙是將孩子鍛鍊成有堅實自我意識的素材。每一次，當孩子自行克服了挑戰，他們就會學到，當阻礙出現在他們人生的道路上時，要如何忍受挫折並不屈不撓的堅持下去。

支持孩子的父母會容許這個過程在孩子面前開展，而不將解決辦法強加於孩子身上，或是直接下手解救他們以節省時間。結果，他們的孩子就會培養出自信與把握，這是建立堅實情感核心所需要的。個人的每一場勝利都會幫助他們發現真正的自己。

　　以這種方式進行，適量的挫折就會成為孩子性格發展中每一個階段的推力。孩子與簡單的工作進行搏鬥，像是學習走路、用湯匙吃東西、或是握住鉛筆。每一次，在他們掌握了一項新技巧後，就會變得成熟一點，獲得一些自信以及對自己的看法。

　　萬事有我型父母破壞了這個程序。他們介入了、並拯救孩子於挫折之中，他們搶奪了孩子成長的機會，讓孩子的發展階段出現空隙。時間一長，他們的孩子對於他們不斷在身邊盤桓就會心生怨氣。結果，他們就會開始蠻橫對待父母，即使他們還事事依賴著父母。這樣會讓孩子產生不健康的感覺，認為自己本就該擁有一切、本就該在親子之中擁有特權。

孩子應面對健康的挫折

　　要萬事有我型的父母看著孩子遭遇挫折，並認為那對孩子是健康的，實在很難。萬事有我型父母只要看到孩子稍有不妥，立刻就會進入拯救模式。

　　事實上，他們拯救的不是孩子，而是他們自己。他們無法忍受挫折、以及孩子產生的不安感，所以立刻出手去解決給孩子帶來不便的問題。他們不明白，挫折如果在可控管的量之內，對孩子情緒的發展是健康、而且必要的。

　　一位孩子已經上了高中的媽媽曾講，「我兒子若不是有我緊緊跟著幫忙，早就崩潰了。他需要我才能成功。」

　　如果這是真的，一旦孩子上了大學，沒媽媽在身邊，那他要如

何正常發揮呢？讓孩子依賴她或許會讓她感覺非常良好，但是這種作法要怎麼在漫漫的人生旅途上幫助他呢？

我們來仔細觀察一位萬事有我型的父母採取的行動，並注意這種作法為他孩子造成哪些問題。

萬事有我型父母案例：事必躬親的愛德華

狀態：已婚、在職父母、生育第一個孩子

管教類型：萬事有我型

弱點：盤旋身邊、鉅細靡遺型微管理

要蠻橫的時候：

五歲大的泰迪老是忙個不停。他喜歡做東西、修理東西。教室裡的削鉛筆機卡住了，泰迪會去清理轉心。冷卻器滴水，泰迪會把他小小的紅色水桶準備好去接水。

泰迪的父親愛德華三十出頭歲，是個財務顧問，他很愛當爸爸的感覺。每天早上，他會幫泰迪穿衣服、煮早餐。他喜歡寵愛他的獨生兒子。

在吃過豐盛的早餐後，愛德華會把兒子綁在腳踏車的座椅上，騎車載他去上學。愛德華很愛聽兒子從後座笑著，大叫「威喂——！」

今天，愛德華和泰迪到了學校，程序一如往常：泰迪把他的外套和背包放進他的櫥櫃裡，而愛德華則和老師聊著泰迪在學業上的進步情形。愛德華叫著其他家長的名字，和他們打招呼，並安排遊戲的日期、彼此交換著故事。

今天，當愛德華在聊天時，泰迪坐到了玩具區，動手弄起他

從昨天開始組合的模型小飛機。當他使勁將飛機的小零件組合到正確位置時，他的手顫抖了起來。這對小小的指頭來說是件費力的工作！當他終於將機翼卡進去後，他露出一絲愉悅，勝利的舉起手，然後很快的又將注意力轉移到螺旋槳上。

不過，組合工作顯然比泰迪想像來得令人挫敗，他用上很大的力氣嘗試。

當愛德華注意到泰迪皺著眉頭的小臉，他的心往下一沉。他討厭看到愛迪不高興。「怎麼啦，兄弟？在組飛機嗎？」他問道。愛德華從泰迪手裡拿過飛機，幫他把螺旋槳卡進去。「看，很容易的。」

泰迪的臉漲得通紅，兩眼含飽淚水。愛德華感受到孩子的崩潰，跪下身去擁抱兒子。泰迪扭開身子，把飛機扯開，讓零件散落地毯各處。

「我是在幫你修理啊。來呀，泰迪，別這樣。」

泰迪把頭重重的往桌上一撞，額頭中央撞出了一個大紅印。愛德華嚇了一大跳，「別那樣，泰迪！你在傷害自己。」

就在那當下，愛德華的手機響起。他發現自己遲到了，辦公室裡有個會議等著他。他突然拍拍泰迪的背，轉身離開。「我必須走了。今天也要快樂喔，兄弟。」

泰迪開始對他丟玩具磚塊並放聲大叫，「你最笨！」他的聲音在教室裡轟轟作響，每個人都轉頭過來看。

被嚇到並覺得受到羞辱的愛德華蹲到泰迪身邊，帶著抱怨之意，低低的咕噥道，「我必須走了，兄弟。我們晚上見。」

「你走，離開我啊！我恨你。」

愛德華衝到門口，心裡受傷又迷惑。泰迪為什麼會發生這麼崩潰的事？他不是應該滿心欣喜的感謝我幫他做的事嗎？」

😊 案例分析

☯ 愛德華的過去

愛德華自己的父親是一個銷售公司的區域經理，經常在路上奔波，很少在家。愛德華非常渴望父親的注意，但是他老爸總是筋疲力竭，累到無法陪他玩。愛德華答應自己，當自己當了父親，一定不讓孩子覺得被忽略。

今天，愛德華發現自己在父親的角色和工作的要求上有衝突。他決定要好好關注泰迪學校裡所有的大小事，但是，他卻已經開始在不斷錯過，而且愈來愈多。

讓愛德華壓力變大的是他最近的升官，職位升等後他必須在週末出差——這兩難之處正是造成他和父親關係惡劣的主因。

愛德華能在不忽略兒子的情況下，還好好的為家庭的生計努力嗎？

☯ 萬事有我型父母讓孩子更蠻橫？

愛德華之所以成為如此成功財務諮詢師，靠的就是他「萬事有我」的才幹，把這份才幹應用到管教上，卻是個大災難。事實上，這也是造成今天泰迪崩潰的原因。

舉例來說，泰迪在組飛機時並未要求他幫忙。愛德華或許認為，這麼做能節省時間，但實際上，他低估了兒子想要親自動手完成的慾望，讓這過程產生了崩潰。就效果上而言，當愛德華把飛機完成，他也把泰迪的勝利偷走了。

當然了，這只是一個小小的、麻煩的時刻。但是不斷去重複這樣萬事有我的小插曲，將會把問題的種子撒下去，日後長出更大的問題來。

✪ 過度寵溺造成的後果

　　過度放縱會讓孩子養成蠻橫的行為，將事情視為當然。「寵溺」這個詞彙已經存在很長的時間了，它讓我想起酸掉的牛奶。當你不斷的獎賞孩子，盡量滿足他每一個需求，而沒讓他分擔家事或負起責任時，他就會被慣壞，養出過度膨脹的特權感，期望別人都要服侍他。當他發現其他人並非如此無私時，他就會覺得自己被拒絕了。結果，健康的同儕關係就變得難以理解與捉摸。

　　泰迪因為父親的寵溺付出了嚴重的代價。他的同儕關係很不好，希望老師能時時協助他，也缺乏處理困難事情的能力。愛德華幫泰迪做得愈多，泰迪幫自己做的就愈少。

☺ 立即有效&長期的建議

✪ 建議 1：兒童心理發展方面的課程

　　由於愛德華喜歡了解事情的來龍去脈與原理，所以我建議他去閱讀與兒童心理發展有關的書籍，這樣他就能對兒子心理發展的需求有進一步的了解。

　　愛德華應該會喜歡由心理教育方面著手去了解為父與為子之道。當他讀到挫敗的角色並了解其中的重要性之後，應該就會學著把事事幫助兒子的衝動忍下來。他應該會漸漸了解，在泰迪努力想完成一項工作時，站在他身後支持他，比為他解決生活上的問題更重要。

✪ 建議 2：分擔教養的責任

　　愛德華想要滿足泰迪所有需求的決心讓人感受到他的真心，但是這並不實際。由於自己童年被忽略而難過，所以愛德華對泰迪就

傾注了過多的關注，並想藉此嘗試去解除被忽略的感覺。他的心意是對的，但卻讓自己處於累癱父母的危險之中。因為只要談到管教，他就覺得要事必躬親，什麼都幫兒子做。

沒有哪個父母可以無時無刻不在孩子身邊的。愛德華需要退一步，讓妻子去分攤更多管教上的責任。她會很樂意帶泰迪去上學，或為他準備早餐。愛德華的愛幾乎已經到了控制的邊緣，他把妻子隔絕在外，讓泰迪受到的教養有失衡的情形。

✪ 建議 3：培養孩子的責任感

雖然慷慨是值得讚許的特質，但是在家裡，讓泰迪多負一點責任對他是有益的，像是，讓他在吃完飯後擦桌子、整理自己的房間、或是把玩具歸類。他自然會拒絕去做，但是只要堅定的要求，並鼓勵他去好好負責在家中的部分，泰迪就能解除那種不健康的理所當然感，以及對他人缺乏的感恩之心。

幫忙家事也會讓泰迪培養出個人的責任感，種下能照顧他人的種子。他負的責任愈多，對自己和周遭環境的感受就愈強。然後，他將不再把他人的慷慨付出視為理所當然，或是為了滿足一己的私慾而蠻橫對待父母，他將會學習如何在自己和別人的需求之間，取得平衡。

孩子對父母「支持」的需求，遠比讓父母「服侍」的需求更多。下一章，您將會學習如何給自己和孩子適度的權力，來卸除他們的蠻橫行為。

我的教養日誌

Chaper
6

設計專屬的
教養百寶箱

現在，你已經了解是什麼原因讓你變成被蠻橫對待的父母了，原因來自於你個人的過往經歷、恐懼、以及不安感。你已經認出自己的管教方式，以及孩子的蠻橫型態了。在本章，我要給你最基本的工具，讓你去卸除孩子蠻橫的行為，讓親子關係重新恢復平衡。

　　請記住，每一對父母和孩子都是不同的，但去終結蠻橫行為的工具卻一樣。你揮鎯頭的方式可能跟別人不同，但重要的是能把釘子釘進去。換個方式說，根據你的個性與孩子獨有的特質，你應用這些工具的方式將有所不同。

　　使用新工具時，一開始會有些不上手，但是一段時間後，你就會喜歡的。本章的目的在強化你的領導力，以創造出更健康的親子關係——藉由賦予雙方適當的權力，來終結蠻橫行為。

 ## 建立一個沒有蠻橫行為的家

　　有天一早，我收到一通來自一位單親媽媽的電話。她是從家裡地下室的洗衣間打來的。當她興奮的低聲耳語時，我還能聽見背景中傳來乾衣機轉動的聲音。「昨天晚上我和我女兒一起出去了！她和我談了快三個鐘頭的話呢！」

　　這位母親的聲音因為情緒而顫抖著。就在幾個月之前，她家女兒還表示對她除了蔑視之外，沒有其他感覺。說她當時被完全排除在孩子的生活之外，一點也不誇張。現在她女兒打開了心房，跟她分享了內心的恐懼與擔憂。在經歷了許久之後，新的親子關係終於成形。「我覺得像是女兒回來了。」她告訴我。

　　而她只會更好。他們的關係不再陷於權力鬥爭與控制泥沼之中，而是建立在互相尊重之上。

　　她是怎麼辦到的呢？她採用了這第七章中介紹的教養工具，如

何建立你的反蠻橫行為支援團隊。她專心在達成自己的個人目標、對自己與孩子的新關係有一個願景、為自己的行為負起責任、並學習如何好好管理自己的情緒。我常常看到她坐在我的等候室裡，在她的教養日誌上面手寫，把她的記憶、掙扎和突破都記錄下來。

她不奢望最好，她去追求。

在強化了自己的情緒核心後，她開始能夠站起來去面對女兒的蠻橫行為了。女兒對她砲火猛烈，她卻保持了平靜。當她對自己的管教方式產生罪惡感或焦慮感時，她還是心懷著願景，跟自己保證。當她覺得自己快被打敗了，就轉向反蠻橫行為團隊尋求支持。

每一天，她都重新宣示不要重拾舊習的決心。最後，她終於挽救了親子關係，建立一個沒有蠻橫行為的家。

3 步驟打造全新親子關係

在本章，我們要把重點放在內心的工作上──去面對你內在的批評，強化解決之道，將家中的蠻橫行為趕出去。

被蠻橫對待的家長內心大多被自我懷疑、負面的自我談話與恐懼所把持。要重新經營跟孩子的關係必須先從你的內心工作開始──例如，記日誌、進行自我分析──也就是你在本書一開始做過的。在本章中，你會把這些學到的技巧發展成特定的策略，專門用來終結蠻橫行為。

我想請您記住，在本章中，從頭到尾都要把三步驟視為與孩子走出新路的基礎：

❶ 堅持願景。

❷ 為自己的行為負責。

❸ 管理自己的情緒。

這些必須一直擱在心頭，它們會幫你拔除孩子蠻橫行為裡的刺，在你最困難的時刻發揮安定軍心的作用。

 ## 步驟 1：堅持願景

開始之前，你心裡必須先有一個願景，一個關於親子關係的新願景。願景會讓你在最艱難的時刻也能保持專注、鼓勵你跟過去的壞習慣乾淨切割。被蠻橫對待的父母似乎都有傾向能讓親子關係持續惡化，直到墜入無盡的叨唸、爭執和祈求裡。他們會被困在能削弱家長領導力的負面循環裡，讓孩子對他們的信任被切成碎片。

願景可以幫你指出一條路，而目的地——沒有蠻橫行為的關係——放眼能及。只要目光所及之處有清晰可見的終點，即使道路崎嶇難行，也不容易偏離幹道。

教養案例：壞脾氣的亞瑟

亞瑟長久以來對兒子的脾氣一直不好。擁有一百九十公分的身高、一百一十幾公斤體重的亞瑟是個令人生畏的存在——這個萬事有我型的父親，可沒人想惹毛他。亞瑟生氣時，從未大聲過，他根本不需要大聲。全身散發著冰寒肅寂氣息的他，冷冷一瞪，掃向對手眼睛，什麼爭執的話也被吞進肚子裡了。

這樣的特性讓他在童年時很吃得開。在貧困布魯克林區附近長大的亞瑟就是靠這樣的街頭小聰明活下來的。他沒上大學，在當地一家五金行找了一份正職的工作。到了二十三歲，店都是他在管打

理。二十八歲時，那家店就屬於他了。到了現在四十歲的年齡，他已經擁有三家店，正打算開第四家。

在做生意方面，亞瑟素來有公道之名，但是大家也知道，不要去惹他。很少人有膽子去挑戰亞瑟——除了他兒子，丹特。

還不到十六歲，丹特就擁有父親的身高，但也是唯一一個會讓亞瑟發脾氣的人。亞瑟很討厭別人忽視他，而他兒子丹特偏偏就這樣惹他。像丹特這樣屬於挑釁型蠻橫行為的孩子總是知道該按哪顆鈕，才能讓父母親發火。

蠻橫這個詞總讓人聯想到吵鬧、講話大聲、對父母叫罵，或是欺負兄弟姊妹的形象。但是事情並非絕對如此。

被動式侵略行為是一種沉默的挑釁形式，雖然喧嘩程度較低，但和所有挑釁型態一樣，殺傷力十足。當孩子忍住，或是對父母不理不睬，父母都會精神痛苦。

被動式侵略行為通常會讓權力動能在親子關係間移動。孩子發現那種忍隱的情緒能讓他們掌控駕駛座。當父母開始追逐他們時，孩子就沉默的把他們拒絕於外。這種帶有目的性的拒絕通常會成為掌控父母，讓他們得到想要東西的工具。

☺ 案例分析

✪ 挑戰性的時刻

大多數的早上，丹特都會睡過頭，錯過自己該做的事，讓上學遲到。這樣的散漫態度是亞瑟無法容忍的。

「丹特！起來！今天早上我需要你去店裡。」

「丹特！我告訴過你，要把回收垃圾拿出去丟的。」

「丹特！你把我車子鑰匙放哪裡去了？」

這些要求通常都是從另外的房間喊出來，穿過丹特緊鎖的房門，然後被沉默對應。丹特聽得見父親的叫喊，但是選擇不理會。這種態度簡直把亞瑟逼瘋。一般來說，他在五分鐘內就會冒出火氣。

雖然丹特從來不承認，但是他享受擁有「讓父親發火」的力量。被動式侵略行為的忍隱作法是丹特對抗父親一直以來老是找碴、嘮叨個沒完的報復手段。

亞瑟爆發的怒氣把父子之間所有的美好感覺都摧毀殆盡。事實上，丹特開始恨起了自己老爸。當他年紀還小時，他們還曾經一起玩過曲棍球、一起去釣魚。但是，現在剩下的只有對彼此的恨意與口角。

✪ 從一通求助電話開始

當亞瑟打電話給我預約時間時，他展現了在生意場上的坦白直爽。「我來這裡是為了兒子。不過，我想真正需要幫助的是我自己。」

亞瑟有自知之明，他曉得自己的脾氣是個問題，但是應該怎麼去控制，他卻沒有概念，特別是當丹特觸怒他時。「在生活裡，我是電影鐵窗喋血裡，保羅紐曼演的路克，血氣方剛，」他說道，「但是遇上我兒子，我就變成哥吉拉。」

在花了一些時間，幫助他培養能自我安撫的技巧外，我們把注意力轉移到打造願景上，一個他和兒子關係的新願景──一個成敗都取決於亞瑟自己對於自我掌控方面努力的願景。

亞瑟自己想出了一句簡單的話，讓他在最困難的時候也能穩定下來。「守不住脾氣，就守不住兒子。」

在顛簸不穩的開始後，亞瑟在治療上的努力開始看到了成果。當丹特忽略他時，他忍住了氣，沒有大吼大叫。當他覺得脾氣快要上來時，他就起身離開屋子，到外面散個長步。一到外面街上，他就想著自己的願景與目標。他知道，只要和丹特爆發一次，父子的關係就能冰凍好幾週。這是亞瑟最不想見到的。

當亞瑟散完步回來（他宣稱，在我們治療期間，他一共穿破了三雙鞋。）他覺得自己比較平靜，甚至還樂觀了點。散步成為他自然的壓力出口，讓他有時間可以自我反省、穩定情緒。

有天晚上，就在上床睡覺之前，亞瑟發現丹特的房門大開，這可是非常少見的。丹特在他書桌前做功課，背對著亞瑟。丹特將會成為家族中第一個上大學的。亞瑟感到非常驕傲。

亞瑟清了清喉嚨，平靜的說道：「我不會再對你吼了。我知道恨你自己的老爸是什麼感覺。我很抱歉。」

丹特驚得愣住，他從未見過父親的這一面。

「我想讓你知道，其實我非常以你為榮，」亞瑟說著，「你要上大學，我感到很驕傲。」亞瑟離開了丹特的房間，並平靜的把身後的門帶上。在那一瞬間，丹特覺得自己對父親的感覺變得不同了。他第一次把父親看做一個真正的人，有實在的過去，是生養他的人。從那一刻起，丹特的挑釁行為開始軟化了。

當亞瑟不再衝動回應，他們的父子關係就往較為正面的方向發展了。亞瑟很快就把這進步歸功於擁有願景：「緊緊守住那個願景，讓一無所盼的我擁有了希望。」他稍後說到，「那句簡單話，『守不住脾氣，就守不住兒子』讓我看到在度過難關之後種種情形，把眼睛盯在獎品上。」

♥ 為你的新願景下功夫

深呼吸一次。事實上，深呼吸幾次。現在，請想想你家孩子的正面特質（拜託，你家孩子一定有一些正面特質的。）把這些特質列出來。

- ❥ 讓你最驕傲的是什麼？
- ❥ 你什麼時候最喜歡你的孩子？
- ❥ 她有什麼才能讓你覺得很開心？

接下來，請回想一下你們過去在一起的快樂時光——在蠻橫行為出現之前，當你們還很享受彼此的陪伴之時。你們很可能有兩個人都喜歡的活動。

- ❥ 你們一起去了哪裡？
- ❥ 你們一起做了什麼？
- ❥ 你和孩子上次一起進行喜歡的活動是什麼時候？

現在，我們重新來回味一下那些美好的時光，看看要怎麼做才能重拾那些美好時光。

- ❥ 你們可以一起再做些什麼？
- ❥ 你什麼時間才能排出時間，一起做這個活動？
- ❥ 有什麼新的事物，能讓你們兩人都感到興趣的嗎？

當你開始發展願景時，請別忘記，沒有哪種關係是可以一直一

帆風順的。日子有好有壞。但是當你花更多時間來享受彼此的陪伴時，你們就愈沒時間去翻舊帳。在第一章中，我曾經描述過，一頓簡單的早餐是如何成為我和女兒的一個契機，讓我們產生全新相處之道的。

✪ 一句簡單的話

很多父母都發現，心中如果有一句簡單的話，就可以幫助他們在被蠻橫對待時平靜下來。父母被孩子蠻橫對待時通常會失去心中主軸，變成有反擊孩子行為的傾向。一句簡單、能使人鎮定下來的話可以幫助他們保持專注。亞瑟的話，「守不住脾氣，就守不住兒子」就是個完美的例子。

家長們還想出下面這樣的話：

「我是家長，我不必去證明什麼。」

「我比我的情緒更強大。」

「決定我行動的不是我情緒，是我自己。」

花一些時間，想出屬於你自己個人的話吧。這句子一定要能直指你內心對於自我掌控最掙扎的點。

➧ 當你被蠻橫對待時，讓你最崩潰的特殊情緒是哪些？

➧ 你必須把哪些不安的感覺或恐懼克服下來，才能讓自己維持專注？

➧ 你能想出在被蠻橫行為對待時，可以幫助你的句子嗎？

✪ 亞瑟的改變與結果

我們暫且回到亞瑟和丹特的例子。你應該記得的,當亞瑟控制住自己的脾氣,並終止了他與兒子間的敵意,他們的父子關係就大幅改善了。但是,這樣還不夠。包容與自我掌控雖然有幫助,但是要真正達到願景,亞瑟還必須做更多。

想幫兩人的新關係打造一個堅固的基礎,亞瑟必須找到一些能分享的正面活動,一些他和兒子都喜歡、可以一起做的事。只有那樣,兩人的關係才能欣欣向榮。

這是個很大的挑戰。別忘了,不久之前,丹特還不希望跟老爸有什麼關連。那麼他們到底要怎樣做,才能突然來個大迴轉?

看到兒子居然有去看曲棍球賽的票,亞瑟感到很意外。之後,他們開始一起在家看球賽,幫喜歡的球隊加油,分享球迷都熟悉到不行的喜悅與難過。

接下來,亞瑟縮減了丹特到店裡的時間。這對丹特來說,是讓他非常震驚的事,父親的話再一次讓他意外萬分,「我想讓你專心,花時間好好去考個好大學。你未來的人生裡,有比賣小螺絲更多可以做的。」

在那之前,丹特對於在父親的事業中工作,很有壓力。事實上,這也是導致父子衝突的第一要因。丹特感受到父親沒有說出口的期望,這造成了他們父子關係中的壓力與緊張。

亞瑟的宣告,把這一切都結束了。

但是真正的突破出現在亞瑟買了外縣市的季後賽球票之後。這意味著亞瑟和丹特得一起在路上旅行兩三天。從丹特上小學後,他們父子倆已經沒有那樣的父子相聚時光了。

亞瑟妻子唐娜的懷疑是可以理解的。「我想我的亞瑟是瘋了，」她說道，「我的意思是，他和丹特兩個向來簡直是互相掐著脖子幹的。現在他居然想和他一起開車去旅行？」

亞瑟和丹特一起分擔了開車的工作，這是另外一個將他新生的信任轉到兒子身上的決定。三天後，他們一早就回到了家。

唐娜為自己眼中所見驚住了。「當我在電視上看到他們支持的球隊輸掉時，」她告訴我，「我想到最糟糕的情形，亞瑟或許會陷入最可怕的情緒裡，又或者，丹特可能會挑錯誤的時候和他頂嘴爭辯。但是，情況居然相反。他們搖搖晃晃的進入屋子裡，一邊走還一邊大笑！模仿彼此的樣子。我問他們到底怎麼回事，兩人揮著手不理我，彷彿那只是他們之間的事。那趟旅行真的是我們整個家庭的轉捩點。」

 步驟 2：為自己的行為負責

能夠成功打造出全新親子關係的父母，有三個共同點：

❶ 他們為自己的行動負起責任。

❷ 他們了解他們的選擇會招來什麼樣的影響。

❸ 他們非常努力去改變自己個性中的負面傾向。

本節中，我會請你為自己在孩子身邊的所有行為負起全部責任。別忘記，身教遠比言教有力。無論你孩子幾歲，他以你為例去做，而不是聽你的話去做。

要終結蠻橫行為，最重要的方式就是，想要孩子有怎樣的行為，

你先以身作則。太多被蠻橫對待的父母在腦子發熱的一瞬間就屈服了，忘記要謹守以身作則這件事。舉例來說，

- 要求孩子尊重自己，卻完全不尊重孩子。

- 希望孩子聽他們說話，自己卻不聽孩子說話。

- 呼籲孩子停止蠻橫的行為，自己卻蠻橫的對待孩子。

　　要了解哪些個人的行為舉止會讓孩子蠻橫起來、破壞孩子對你的信任，讓你水深火熱，我們先來看看要如何才能好好管理你的情緒。

 ## 步驟 3：管理自己的情緒

　　對許多被孩子蠻橫對待的家長來說，負面心態正是被蠻橫對待時，那些壓垮人情緒的來源。當你的情緒陷入無法掌控的負面中，要召喚新式教養選擇中所需要的清明與能量是不可能的事。要處理這些破壞你正念的最佳辦法，就是有意識的把這些情緒重新導向正面。

　　我把這些個人的傾向整理成一系列四個小步驟，來幫助你終止舊的壞習慣，開始養成新的好習慣。在蠻橫行為發生的時候，把這些步驟當成提升生活現狀、維持正念的方式吧。

　　我們從最重要的步驟開始，你可以用來清理你的內心世界。

💙 方法 ❶ 不再批評自己，開始反駁回去

✪ 不批評自己

自我懲罰的思想以及態度正是許多父母之所以容許孩子蠻橫對待他們的主要理由。掀起革命，對付你錯誤的自我談話從先對自我批評開火。意思是，不要再讓你的恐懼或不安感支配了你。

自責或批評自己是一種蠻橫對待自己的方式，孩子會很直覺的學起來，反射回去。孩子有一種神奇的力量，他們可以仿效父母對他們的想法、情緒及態度。舉例來說，如果你不尊重自己，孩子也不會尊重你。如果你對自己充滿一堆批評的念頭，孩子也會批評你。

看視角度上的改變擁有改變一切的力量。當你開始對自己好，你的孩子也會更尊重你。當然了，要把心裡對自己的批評驅逐出去，過程相當辛苦，絕非一夕之功。

我們先來看看你貶損自己的內在聲音吧：

我內心對自己的批評告訴我

· 身為父母，我很失敗，因為我 ＿＿＿＿＿＿＿＿＿＿ 。

· 身為父母，我在 ＿＿＿＿＿＿＿＿＿＿ 方面很可怕。

· 我被蠻橫對待是活該的，因為我 ＿＿＿＿＿＿＿＿＿＿ 。

✪ 跟自己談話

要讓內在的批評聲音安靜下來，你必須先把那些負面的內在聲音反駁回去。沒錯——我是在要求你，跟自己談話。

167

你或許不知道，但是跟自己對談其實是健康的。它會容許你把跟自己的內在批評之戰搬到外面去打。讓更多正念出現，擴大你自我反省的能力，以及，也是最重要的，幫你新的選擇，清理出一條路來。

教養案例：總是道歉的茱莉亞

茱莉亞是個使用焦慮型管教方式的母親，她就是無法挺身去面對兒子蠻橫的行為。每次當兒子對她大吼大叫、用言語攻擊她，茱莉亞總是退縮道歉，「你說得對。我很抱歉，是我的錯。」

她想都不想，就接受了指責。

分析

當我跟她說，她內心對自己的批評過強，阻礙了她進行有效的管教，她卻指控我只會說些心理學上的話。但是，當她兒子蠻橫的行為更加惡化時，她才開始不情不願的去探討本章中列出來的問題。一段時間後，在她做了教養日誌並傾聽了內心對自己的批評後，茱莉亞開始了解隱藏在她內心的所有批評思想。

改變

然後有一天在淋浴時，她突然有了重大的突破。「我想到自己一直帶在身上那些自我批評的聲音，」她說道，「聽起來似乎非常熟悉。這些聲音打中了我，就在我洗完頭髮，上潤絲精之間。那是我父親的聲音。他總是不斷的在批評我。我做的一切，總是不夠好。」

這份醒悟，也就是她和兒子的關係其實是她和父親的一個翻版，這成了茱莉亞思想上的轉折點。「我愈是去反思，去想自己和父親的關係，就變得愈生氣，」她回憶道，「我無法相信，自己居

然讓兒子依著我爸的老路推著我走！」

最初，兒子對她試圖終止他蠻橫行為的嘗試大加嘲笑。之後有一天，他從放學回來，發現他的電腦和電視都從房間裡被移到了儲藏室。當他大發雷霆時，茱莉亞還是堅守住立場。她一動也不動，告訴他，除非他停止蠻橫的行為，否則什麼都不會放回去。為了證實她的說法，她甚至更進一步放話，「如果你不停止你蠻橫的行為，那麼這個月月底，我就把你的手機停掉。那時，你就得想辦法自己去付錢弄一支。」

茱莉亞的兒子嚇到了。但是，內心深處，他也鬆了一口氣。別忘了，蠻橫的孩子討厭去終止對父母的蠻橫行為。看到母親如此堅定的立場並要求他的尊重，他對她的感覺也變了。他其實不想要一個被他耍著轉的父母。而這一切改變都從茱莉亞改變看待事情的角度開始。

結果

茱莉亞去做了當初跟父親無法做到的事：她挺身而出，要求尊重。當然了，她兒子蠻橫的行為不會在一夜之間消失殆盡，但是他已經收到很清楚、很響亮的訊息了：他要橫的日子到頭了。

✪ 把自我批評的話趕出去

先從注意自己是什麼時候、什麼場合，腦子裡會蹦出自我批評的話開始。要知道，自我懷疑會生出不確定之心——那種在你年輕時，會轉往內心深處去藏起來的負面聲音。

沒有人生下來就會批評自己的。和自己的自我批評進行戰爭可以讓你的心理能量騰空出來，讓真正的聲音現聲。

任何自我批評的句子或重複出現的話，一定要確實寫下來。一在腦海出現，就立即寫到你的教養日誌去。問問自己，

❥ 是什麼樣的事情引發了那種想法？

❥ 想法是從哪裡來的？

❥ 是不是根深蒂固的存在於你的過去之中呢？

內在的自我批評	新的自我談話
「我是個可怕的父母。」→「我每一天都變得更好。」
「我的孩子討厭我。」 →「每個人偶而都會討厭自己的父母。」
「我很自私。」 →「要做一個好父母，我必須照顧我自己。」
「我太敏感了。」 →「誰要一個感覺遲鈍的父母呢？」
「蠻橫行為是天生的。」→「蠻橫行為是絕對無法讓人接受的。」

我們用個人堅定的決心來取代你的自我批評吧。

我的堅定決心

· 和孩子在一起時，我下定決心，一定要更 ＿＿＿＿＿＿＿＿＿

＿＿＿＿＿＿＿＿＿＿＿＿＿＿＿＿＿＿＿＿＿＿＿＿＿＿。

· 當我 ＿＿＿＿＿＿＿＿＿＿ 的時候，我要好好獎勵自己。

· 我下定決心，一定要改變我對 ＿＿＿＿＿＿＿＿＿ 的態度。

☺方法 ❷ 停止道歉，開始肯定自己立場

✿ 停止道歉

　　過多的道歉會變成難以戒除的習慣。犯錯時，道歉沒什麼不對。道歉是一種良好的示範，教導孩子，承認錯誤是一件成熟的事情。

　　不過，不必要的道歉卻會削弱你的領導力，以及孩子對你的信任程度。多此一舉的無謂道歉愈多，孩子愈會把你看成一個軟弱、沒有效率的父母。每一次，當你用道歉來對應孩子的蠻橫行為時，你都在賦與他再次蠻橫對待你的權力。

　　許多道歉都是在面對蠻橫行為時，被恐懼感驅使、出自於焦慮的反應。要矯正這種令人討厭的習慣，我們必須在衝動與行動之間，插入一小段思考的時間。

我的直覺性道歉

· 當我覺得 ＿＿＿＿＿＿＿＿＿＿ 的時候，我常向我的孩子道歉。

· 我總是因為 ＿＿＿＿＿＿＿＿＿＿，後悔為什麼要道歉。

· 當我因為 ＿＿＿＿＿＿＿＿＿＿ 而道歉時，我會對自己很失望。

✿ 肯定自己

　　在你說出另外一句對不起時，按下暫停鍵，想想以下三個問題：

　　➤　這個節骨眼上，真的需要我道歉嗎？

　　➤　我是因為恐懼或膽怯而道歉嗎？

♦ 我是不是被「道歉」操控了？

當你停下來問問自己這三個問題，就表示你不再是處於「自動駕駛」模式了。妳拿回了掌控權，不僅如此，你還加強了你的正念，鞏固了你的情緒核心。現在你可以更投入、更了解自己的定義、也更進入自己的教養狀況了。

💜方法 ❸ 不再和別人相比，開始讚美自己

✪ 拿自己和別人相比

古諺語「人比人，氣死人」是真的。當你把所有時間都花在拿自己和別人進行負面的比較時，你肯定會覺得自己是個失敗者。

太多被子女蠻橫對待的父母會墜入陷阱之中，崇拜別人、或把自己與情境劇、電影、或是過度理想化的子女教養部落格，與雜誌中的父母互相比較。把自己和別人進行負面的比較，對大家都沒有好處。這樣做會降低你的自尊，打擊你的信心。

以下就是一些被蠻橫對待的父母，常常拿來與人相比較的。這之中，有你覺得熟悉的嗎？

我的比較念頭

· 我希望我跟 ＿＿＿＿＿＿＿＿＿ 像一點就好了。

· ＿＿＿＿＿＿＿＿＿ 跟她小孩的關係，比我跟我的孩子好多了。

管教對其他人來說，好像天生就會。我卻偏偏不是這樣。

你在這些說法裡，聽出輸家的態度了嗎？當你陷入這類的比較後，你就是在對自己（和對你的孩子）進行可怕的傷害。這是個大家都輸的情況：你輸掉了對自己的自信，你的孩子也輸掉了對你的信任。

所以，當你開始冒出「我希望我跟 xxx 像一點就好了」這樣的念頭，趕快按下暫停鍵！停！趕快把視野轉變到你身為父母親，做得不錯的事情去。唯一一件值得你去比較的事就是，比較從前與現在的自己。問問自己：

❥　我今天的管教是不是比昨天強？

❥　我做的選擇是不是比以前好了？

❥　我和孩子間的關係，是不是見到進步了？

✪ 讚美自己的優點

看到許許多多被蠻橫對待的父母看不出自己的優點，這一點讓我很是驚訝。在童年的某個時候，他們有些人被教導，讚美自己是一件應該感到羞愧的事，驕傲就是自大，是錯誤的。正面的自我感覺並不是自大，而是最基本的。沒有了這些正面的聲音，你會失去自尊與自信。要走出任何蠻橫的關係，正面的看待自我，正是一個開始。

這意味著，要習慣自我讚美。自我讚美可以培養出良好的幽默感，產生輕飄飄的感覺，以及彈性。對自己有更多的驕傲與信任，你才能勝過那屈服於孩子蠻橫行為下的衝動。你可以升到較高的位置，不必再受到操控。

教養案例：缺乏自信的絲特拉

在大部分的人生裡，絲特拉對於社交都沒有安全感。她在中學時，陷入了「人比人氣死人」這種壞習慣裡，一個勁的發狠起來去跟其他學生比較。一覺得自己比輸，就氣呼呼，感覺很絕望。其他的女孩子們總是比她聰明、比她漂亮、比她苗條。她的童年就在一波波這樣沒有安全感的情況下戰鬥過來的。謝天謝地的是，絲特拉長大成人後，倒是有自信了，覺得自己已經把這樣不快樂的時光拋在腦後。

成為一位繼母，當了丈夫十二歲女兒蕊亞娜的後媽，讓這一切都改變了。

絲特拉的丈夫史蒂芬是一個自信滿滿，在法庭上不說廢話的律師，但他在女兒面前卻很沒有骨氣。跟蕊亞娜母親走到盡頭的婚姻，以及，更糟糕的是，這帶給蕊亞娜的辛苦與難過，都讓他感覺很差。所以，無論蕊亞娜做出怎樣的行為，他總是不斷的獎勵她。

如果說有誰是最典型的罪惡感型父母，史蒂夫肯定就是一個。

任誰來看，蕊亞娜都是個難搞的孩子——屬於挑釁型的蠻橫孩子，還有操控的傾向。被雙親離婚搞到滿身是傷的她，把所有的怒氣都投射在絲特拉身上。就算這樣，史蒂夫還是經常為蕊亞娜的蠻橫行為找理由。

「蕊亞娜經歷太多事了。讓她喘喘氣吧！」

「她說的話，不要往心裡去。」

「看看好的一面，妳只要每隔一個週末忍受她一下就好。」

對於史蒂夫不願意去看清蕊亞娜蠻橫的行為，絲特拉簡直目瞪

口呆。無論絲特拉說什麼，史蒂夫總是聳聳肩，不置可否。讓事情
更形惡化的是，只要史蒂夫不在家，蕊亞娜就更討人厭了。絲特拉
從未接收過像她那樣高漲的敵意。

「別踏進我房間。妳沒有任何應該進來的理由。」

「我老爸娶了妳，我可沒有。走開，別擋我的路。」

「體重過胖，妳丟不丟臉啊？我就覺得丟臉啊。」

　　孩子把一腔怒火發到在繼母身上，通常會讓他們感到安全。對
父母離婚的孩子來說，繼父母就是闖入的第三者。繼父母在離婚發
生之前都不是家中的一份子，而且對他們來說，要很久很久（甚至
永遠也不會）才會把他們認為是家中真正的成員。

　　結果，孩子就常常把自己受傷的感覺投射在繼父母身上，讓他
們覺得自己正在為配偶過去失敗的婚姻付出代價。

　　絲特拉發現自己深陷於一場孤獨的戰爭之中，年幼時在她行為
中的不安感，那早已拋諸腦後的感覺回來了。她開始不斷的量體重，
幾乎是強迫性的去看自己穿上某幾件衣服是什麼模樣。她甚至還去
染頭髮，進行外型的大改造。

　　這些改變自然無法讓蕊亞娜改變印象。「誰會選那種顏色來染
頭髮？」她嗤之以鼻，「對我最壞的敵人，我也不會那麼做。」

　　只要單獨和蕊亞娜在家，絲特拉就焦慮異常。很快的，絲特拉
那種「人比人氣死人」的習慣就死灰復燃了。夜晚，她在床上翻來
覆去無法成眠，以多年來未曾有過的方式，煩惱起她的生活。

「史蒂夫的前妻比我瘦，比我新潮。」

「蕊亞娜比我聰明。」

「如果史蒂夫真的愛我，就會保護我，不讓我受到蕊亞娜蠻橫的對待。」

當這些批評的聲音持續發酵，絲特拉要把情勢逆轉過來的希望就渺茫了。她覺得自己進入了深深的絕望裡。

分析

✪ 絲特拉的過去

絲特拉的故事並非少見。為人父母後，經常會把童年的傷口撕扯開來。我們行事和思考的方式，常常會與今日的自己不同步。

絲特拉思考的方式已經不再是她成人的方式，而是她兒時的自己。突然之間，她察覺自己經歷的感覺居然是她認為很久之前，早已拋棄了的！

在絲特拉能把自己的沮喪和史蒂夫的被動、或是蕊亞娜蠻橫的行為釐清之前，她必須要能先打敗自己的負面情緒，重新建立內心的平衡。一旦對自己的感覺變好，她才有餘力把注意力轉向史蒂夫和蕊亞娜。

✪ 你的優點

絲特拉對準那些自我批評的想法，調高了宣揚自己優點的聲量。

在去了解絲特拉如何逆轉情勢之前，我們先花點時間來了解屬於你自己的優點，並幫你的這些最佳管教特點，熱烈拍拍手。

我作為父母親的優點

· 孩子有我當父母很幸運，因為我是 _____

_____ 。

· 我管教上最大的特質是 _____ 。

· 我的孩子應該以擁有像我一樣的父母為榮，因為

_____ 。

　　來吧！盡情讚美自己吧。你值得的！你為了當一個好父母，已經非常努力了。提高讚美自己的聲量，降低自我懷疑的聲音。如果你對自己的能力有信心，孩子對你也會更具信心的。

✪ 找到方法，走出惡夢

　　回到絲特拉的例子：我第一次跟她合作時，為她身上帶著的負面自我形象震驚不已。她是個美麗的年輕女子，身材姣好，心智敏銳，感受非常細膩。但在她內心深處還是那個笨拙的青澀少女，跟疼痛與肥胖對抗著。

　　絲特拉和許多被蠻橫對待的父母一樣，已經做好改變的準備了。只要能終結蕊亞娜的蠻橫行為，她什麼都願意去努力。

　　在第一節諮詢後，絲特拉認清自己屬於焦慮型父母，而蕊亞娜則是操縱型的蠻橫孩子。第一節結束後，她立刻著手寫教養日誌。她從童年中去歸納出自己的類型、把不安感寫下來，並去找出自己負面自我談話的來源。她指出了自己身為父母時的光明與黑暗特質，了解了自己的優點與缺點，並為關係建立了一個新的願景。

　　接下來，我們要開始來慶祝絲特拉作為母親的許多優點。一直

以來，她對蕊亞娜都是非常慷慨的。除了女孩子壞到極點的行為外，絲特拉實際上並未對她言語的攻擊進行任何反擊。她尊重蕊亞娜的隱私權、她鼓勵她邀請朋友過來，她還支持蕊亞娜的想法，讓她把臥房完全裝飾成蕊亞娜自己想要的樣子。

當蕊亞娜講她爸爸或媽媽的壞話時，絲特拉從未選邊站。她對於蕊亞娜因為父母離婚產生的受傷感受，相當敏感，也盡一切努力在同情的基礎上去回憶，而不是選擇跟隨蕊亞娜氣憤的情緒站一邊。

在我們把絲特拉的優點列出的時候，我們發現，她不應會受到蠻橫的對待。她應該得獎才對！

絲特拉覺得自己宛如從一場惡夢中清醒過來，她不相信她以前居然讓蕊亞娜（畢竟「只是個怏怏不樂的孩子」）蠻橫對她。但是，在絲特拉把蕊亞娜的行為說清楚之前，她決定該是時候，和史蒂夫好好開誠布公的談談了。當我建議她把史蒂夫帶來做一個夫妻共同諮詢時，她回答，「我把自己搞進這一團亂，我要把自己拉出來。」

改變

在她與史蒂夫的會議裡，她清楚的表示，對蕊亞娜所作的行為是完全無法接受的。她告訴史蒂夫，作為一個父親，他是在毀了蕊亞娜，因為她出現這麼可怕的行為卻還能全身而退，這種被動的態度，就是在鼓勵她蠻橫的行為。

當史蒂夫試圖調整自己的管教選擇時，絲特拉已經做好準備了。她告訴史蒂夫蕊亞娜是個不快樂的孩子，她不覺得父親重視她或是愛她。就絲特拉來看，史蒂夫的容許可以被解釋成忽視。

絲特拉告訴他，他必須多些參與。因為離婚產生的罪惡感不僅讓他變成一個很沒有效率的父親，也變成很沒有效率的丈夫。

接下來，絲特拉把注意力轉向蕊亞娜。與其去面對這孩子，

絲特拉認為提供她更多諒解與支持會更好。下一次當蕊亞娜批評她時，絲特拉咯咯的笑了起來，她告訴蕊亞娜，她很有幽默感，蕊亞娜楞住了。當蕊亞娜拿絲特拉的體重開玩笑時，絲特拉聳聳肩，說到，「我就喜歡我現在的樣子。」

絲特拉對蕊亞娜蠻橫行為的回應愈少，蕊亞娜對她耍橫的次數就愈少。當蕊亞娜無法讓絲特拉脾氣爆發起來後，蠻橫行為也就不再具有獎勵的作用。

結果

真正的突破出現在某天晚上，絲特拉聽見蕊亞娜獨自在房中哭泣。她安安靜靜的幫蕊亞娜拿來了一盒衛生紙。在她轉身要離開時，蕊亞娜要求她留下來。然後，她對繼母敞開了心胸。

接下來的兩個鐘頭，蕊亞娜和繼母訴說了父母離婚，她受到的種種傷害與心中的難過。當絲特拉靜靜傾聽並提供安慰時，蕊亞娜對她的感覺就完全改觀了。她開始把絲特拉當做最大的支持者。

這些全都始於，絲特拉把自己的內心世界先行進行了清理。在一番辛苦的努力後，絲特拉與丈夫，以及繼女的關係都獲得了改善。在後來的人生裡，蕊亞娜甚至把絲特拉當做一個很棒的朋友以及監護人。

方法 ❹ 不再依賴過失應對機制，開始為自己挺身而出

依賴過失應對機制。過失應對機制指的是，當孩子出現蠻橫行為時，你用來麻醉自己、為孩子行為找理由的謊言。這些謊言把蠻橫行為的影響縮小了，讓你未能採取修正行動。

舉例來說，史蒂夫就過度依賴過失應對機制來處理他對女兒的情緒。結果，女兒蠻橫的行為就更嚴重了。

被蠻橫對待的父母三種最常用的過失應對機制為：

❧ **合理化**：幫孩子蠻橫的行為找理由。

❧ **責怪自己或他人**：把孩子蠻橫的行為認為是自己或是別人的錯。

❧ **否認**：漠視或是誇大孩子的蠻橫行為。

以下是一些被蠻橫對待的父母發出的哀嘆。有你熟悉的嗎？

✪ 合理化

「所有十幾歲的孩子對父母都很蠻橫。沒什麼大不了。」

「蠻橫是一個過渡階段，孩子長大就好了。」

「孩子欺負父母是很自然的事。」

✪ 責怪

「我的孩子會這樣做，是因為被他＿＿＿＿＿＿＿＿＿＿＿＿＿＿＿＿
（朋友、學校、我配偶等等）害的。」

「孩子會蠻橫對待自己的父母是社會允許的。」

「老師在學校都不教孩子規矩了，所以我兒子在學校才會那麼難搞。」

✪ 否認

「我孩子蠻橫的行為沒那麼糟糕。」

「我孩子偶而才蠻橫對我。這沒什麼大不了的。」

「蠻橫是自我表達的一種形式。」

✪ 挺身而出為自己

要打破蠻橫的束縛，我們必須先燒起幾把「適度的怒氣」。

今天就終結蠻橫行為

· 我不應該被蠻橫對待，

　　因為_____。

· 我的孩子沒欺負我的權力，

　　因為_____。

· 我的孩子沒理由用言語攻擊我，

　　因為_____。

要有心理準備：你家蠻橫的孩子不會喜歡新的你。

當你採取立場後，衝突勢必會增加。請把持住方向，不要搖擺不定。轉向你的支援團隊、跟你的配偶談談，並運用本章中所有的工作來強化你的解決辦法。

綜合以上，想要見到孩子有何種改變，先當那個改變的人。你

必須以身作則去實踐你重視的事。

當然了，你還是會有胡思亂想、發脾氣、以及因為挫敗而對孩子大吼大叫的時候。在學習新的技巧時，跌跌撞撞是很自然的。有時候，你情況很好，有時候卻又會遇到低潮。

請記得隨時回到本章來。讓你的教養百寶箱不斷的升級及改善。要勤勉努力，這樣孩子蠻橫的行為才會很快成為遙遠的記憶。

 ## 邁向一個新的你

這樣的內心工作需要你咬緊牙關、努力不懈的堅持下去。鼓起勇氣去對付你的心魔，這是困難卻又必須去做的事。蠻橫行為的終止，與親子新關係的營造將會從與自己的新關係中一躍而出。

正如同華德 · 懷特曼在《草葉集》中所寫：

改造是需要的嗎？讓你為難了嗎？所需的改造愈大，要完成所需的人格就要愈偉大。

接下來在第七章中，我們要執行的是，消除孩子蠻橫行為的最終步驟，也就是把所有反蠻橫的元素全都聚集起來施行。

Chaper
7

組成終結蠻橫的
支援團隊

現在，你家正處在拉扯之中。別忘了，蠻橫行為是很難被逆轉的，特別是經過多年不理不睬之後。在這種情況下，要讓關係有所回轉，感覺可能性很低。

為了要走完最後這一哩路，你得把對的支援蒐羅起來。是的，處在這種狀況下的你，需要打破沉寂，尋求幫助，開始把你在教養子女上的辛苦與掙扎，和他人一起分擔。理由是，被自己的孩子蠻橫對待，一定會讓你產生羞愧感。一次又一次，當父母的會試圖把這情形隱瞞下來。在公眾場合維持假象，私底下卻靜靜的忍受痛苦。又或者，他們看待情況時過度樂觀，認為「這只是個過渡階段，孩子大了就好了。」

現實是，蠻橫的行為必須直接處理。除非你有勇氣去終止，否則是不會結束的。

在第六章中，我們把重點放在內心的工作上，像是停止負面的自我談話，替新關係設下一個願景。而在本章中，我們要把重點全部放在對外的步驟上，教導你如何在屬於你的環境裡去組出一支反蠻橫團隊。

 ## 組成反蠻橫團隊 4 步驟

要消除你家孩子的蠻橫行為，一定要盡可能避免單打獨鬥。非洲有一句老諺語是這麼說的，「養一個孩子必須集合全村之力。」這是真的。事實上，要消除你家孩子的蠻橫行為也是需要整村之力的。和孩子纏鬥時，獨自奮鬥不是你應該選擇的方式。那麼，應該去哪裡尋求支援呢？要組成屬於你的反蠻橫團隊，你有四個步驟要做。

- ➤ 步驟 1. 和你的伴侶聯合陣線。
- ➤ 步驟 2. 把親友列入支援名單。
- ➤ 步驟 3. 讓校方人員參與。
- ➤ 步驟 4. 尋求專業協助。

我們就從這些與你最親近的人開始吧。

💛 步驟 ❶ 和你的伴侶聯合陣線

口徑一致的管教方式對重建孩子的信任與尊重，非常重要。如果你的孩子蠻橫對你，但是卻不是這樣對待你的另一半，很可能是你們的管教型式出現了反差。沒有什麼比父母親為瑣事爭執不休，讓孩子夾在中間為難，對他情緒的健康更糟糕的了。

當父母在管教方式上意見分歧，這種失衡就能使家中失去動能。父母的分歧會中斷孩子的幸福感，讓他對父母雙方的感情產生分裂。試圖去了解父母的矛盾與不一致的溝通方式會讓孩子心理產生壓力，因為內心衝突而一團混亂。孩子不但不能好好享受生活，還必須在令他們困擾的問題中掙扎，因此身心沉重。

「我應該信任誰呢？」

「我應該對誰表示忠誠呢？」

「我應該聽誰的話呢？」

所有的孩子都不應該被迫在父母之間做選擇。這實在太耗人心神了。分歧的管教方式，也是家庭成員間衝突的首要原因，那會傷害手足之間的關係。父母間沒有解決的衝突會影響兄弟姊妹的情

感，毒害他們之間的關係，迫使他們必須選邊站。

手足通常會開始鏡射父母的衝突：他們會開始靠邊站，對抗另外一方，責怪另一方，並蠻橫對待其中一方，他們所有的行為都學自父母。當父母為負面行為做了示範後，這些行為出現在孩子身上也只是時間早晚的問題而已。

孩子在行動上第一個拿來作為典範的關係就是父母之間的關係。他們之間的和諧程度，包括他們如何跟對方說話、如何克服衝突或挫折、如何溝通，都會成為孩子在關係中如何發揮作用的藍圖。

父母樹立的不良示範會讓負面或是具有侵略性的行為舉止被正常化。舉例來說，目睹父母間不良示範的孩子會一心以為：

- 蠻橫對待你愛的人沒有關係。

- 對你在乎的人大吼大叫，或是貶低他們沒有關係。

- 感到挫折時，辱罵或言語上的攻擊都是可以接受的。

這正是為什麼當父母的人一定不可以停止在彼此的關係上持續努力，非常重要的原因。無論是還維繫著婚姻、分居、或是已經離了婚，他們必須以一個團隊的身分去努力，為了孩子的福祉攜手合作。當衝突發生時，父母親應該以身作則，示範他們如何有效的去克服這些問題，而不是訴諸於爭鬥或蠻橫的手段。

以下我們就來看看一對擁有相反管教方式的父母，看一下他們的衝突是如何讓孩子產生蠻橫行為的。

教養案例：家庭衝突下的貝利

珍妮佛和傑‧貝利看似一對模範夫妻。他們在法律界的事業發

展蓬勃，有許多共同的親密朋友與同事，以及三個帥兒子：傑佛瑞，十五歲、榮恩，十二歲、以及傑西，八歲。在公眾的場合，貝利家看起來一片和樂，但是關上大門，就完全不是那麼回事了。

珍妮佛和傑都是腦袋固執，不妥協的個性。他們的管教方式南轅北轍。

傑把自己想成是個規矩很鬆、包容度很大的父親。他讓孩子很晚睡、吃垃圾食品、玩暴力遊戲。他還用損人的暱稱來稱呼珍妮佛，像是「大老闆小姐」、「最偉大的組織家」。當他用這些名稱戲稱珍妮佛，尤其是在孩子前這樣叫時，她簡直恨死了。她認為這是傑的企圖，他想試圖強化他「有趣爸爸」的形象，而讓自己扮演可怕的嚴屬工頭角色。「男孩子們和我正享受著美好時光，高興的看著電影或是玩遊戲，」傑解釋道，「然後，珍妮佛突然殺進房來，開始吼著衣服沒折，或是水槽裡一堆碗盤沒人洗。男孩子們立刻就露出沮喪的模樣。珍妮佛真的很會煞風景。」

當然囉，珍妮佛看待事情的方式是不一樣的。沒了她的管理，家裡早就亂七八糟了。她畢竟是執管教重任的人：孩子們的功課、家長會議、準備午餐盒、每天幫孩子搭配衣服，而那時候傑——「快樂時光先生」，整個週末都閒閒的晃來晃去，玩遊戲、跟兒子們一樣亂成一團，雜亂無章。「孩子們可能好幾天都穿同樣的衣服，但是傑根本沒注意到，」珍妮佛表示，「他跟他們混在一起時，自己也變成了一個孩子。我告訴他，孩子們需要他當父親，而不是朋友。他卻指責我，說我緊張過頭了——當然了，是在孩子面前。」

分析

你能想像，這樣經常不斷的爭執是會產生不良影響的；珍妮佛和傑之間的摩擦就是糟糕的關係示範。

卡在父母之間，孩子們得選邊支持。兩個大的，傑佛瑞和榮恩，把對父母的情感分成兩邊。傑佛瑞站在父親那邊，榮恩則是護著母親。

很快的，傑佛瑞對母親的怒氣就轉變成蠻橫的行為。他對著她大吼，當她跟他說話時選擇不理，用不好的稱法來叫她（跟他父親一個樣子）。被傑佛瑞蠻橫行為深深傷害的珍妮佛把這種行為，視為傑行為的延伸。

在另一方面，榮恩則是焦急的護衛著母親。好幾次，他甚至出手去打傑佛瑞，搞到必須出動父母來將兩人拉開。

父母親管教型式上的分歧以及不良示範，讓最大的兩個男孩子之間產生了敵意。就如同常見的情況一樣，兩個人被衝突搞到筋疲力竭，和父母親之間發生的情形相同。但是，受到最嚴重傷害的卻是最小的男孩子，傑西。

持續不斷的衝突讓傑西從一個幽默又愛玩的孩子變成焦慮又畏縮，對壓力產生很大的身心反應。一天晚上，家中一場特別嚴重的暴力爭執後，傑西被嚇到晚上尿了床，這又被兩個哥哥抓著嘲弄了一番。

當傑佛瑞和榮恩聯手起來欺負弟弟時，傑西對哥哥的信任就毀於一旦了。傑西晚上開始做惡夢，並躲到父母床上去尋求庇護。父母的床，是唯一一個讓他覺得安心的地方。

結果

珍妮佛和傑發現三個孩子都不快樂，但是他們不但沒去想想自己的管教技巧出了什麼問題，反而幫每個孩子聘請了治療師。不幸的是，三個月的治療後，男孩們在情緒或行為上，都沒有什麼收穫。

✪ 改變家中的蠻橫文化

珍妮佛和傑持續不斷蠻橫的對待彼此，給家裡的蠻橫行為建立了基調。除非他們學會如何平靜解決彼此間的差異，並向孩子展示

如何解決衝突最有效，否則家中的蠻橫文化是不會有絲毫改變的。

沒有哪一位治療師有能力去解除家中不良示範帶來的影響，除非珍妮佛和傑改變方式，否則治療也無法產生任何能持久的結果。傑佛瑞和榮恩彼此間的戰爭會持續下去（跟父母一樣），而可憐的傑西也會因為愈來愈嚴重的焦慮而受盡折磨。

人的天性，似乎天生就愛責怪別人，不先看看是不是自己的問題，就怪到他人頭上。但是，責怪別人是個死胡同：永遠也不會產生被力量加持的孩子。

所以，在採取步驟去指出孩子的蠻橫行為之前，先捫心自問：

▶ 你是不是用平和的方式來解決衝突的？你是不是能以身作則，做出你希望在孩子身上見到的行為？

身為父母，無論管教方式屬於那一種，兩人都必須採取一致的立場，這是為了孩子好。這樣就意味著，這一對父母必須挪出時間來解決兩人之間的差異，一起定下共同的管教目標，即使面對壓力，也要為了能產生正面影響，而以身作則。

一起設下教養目標，並採取一致的陣線，直到達成目標。要消除家中的蠻橫行為，必須先從消除自己身上，與自己身邊關係中的蠻橫行為開始。這是唯一一種能確實終結家中蠻橫行為的方式。父母間的團結與愛，會為家中所有成員訂定基調。

這並不表示，你與配偶間的大小事都得取得對方同意不可，這樣太不切實際了（而且也太奇怪了！）管教子女牽涉複雜，周遭環境也不斷的在變化，所以一定會有彼此無法同意的情形發生。你們在選擇管教方式時，還是可以不同意對方，但是要站在同一陣線上。

☺ 步驟 ❷ 把親友列入支援名單

如同我稍早所提過的，被蠻橫對待的父母處處都有。在現在這個時代，每個人都會認識這麼一兩個父母親，所以你不必覺得不好意思。無論你努力隱藏得多好，你的朋友很可能已經感受到你的掙扎了。他們有多樂意出手相助，可能會讓你始料未及。

教養案例：安娜瑪莉亞和安東尼

安娜瑪莉亞是個單親媽媽，和十四歲兒子安東尼的相處實在糟糕透了。她不了解安東尼為什麼扯著大嗓門，用高高在上的語氣跟她說話，蠻橫對她。

跟以前的例子一樣，安東尼不是一開始就一直這樣的。他曾經也是個甜蜜的寶貝，行為良好態度又親切。母親節早上，他會幫安娜瑪莉亞做早餐，在她生日寫詩送她。

在許多方面，安東尼都非常崇拜母親。此外，他還是個品學兼優的學生，名字高掛在榮譽榜上，一心一意要拿到獎學金去上大學。

分析

在對安娜瑪莉亞的情況進行分析後，我們決定要針對安東尼蠻橫行為最嚴重的時段下手：就是平常日上學前的時間。晚上待得太晚才睡的安東尼，早上無法準時爬起來。當安娜瑪莉亞終於把他從床上拉起來後，他沒吃東西就跑出家門了——為自己的遲起而責怪母親。「別理我！」他對安娜瑪莉亞大吼，「別再對我嘮叨了。我時間不夠了！我不想吃早餐！」

安東尼覺得自己對母親如此蠻橫實在很糟糕。但是一早起來，他變得不像自己。就連是她的聲音也能讓他心生愧疚。

正如我之前提過的，沒有孩子真想要蠻橫對待父母。那些對父

母蠻橫的孩子，事後通常會後悔，並對自己說的話感到羞愧。蠻橫行為一直以來都會傷害孩子的自尊、降低他們對自己的尊重、引發他們的罪惡感。當父母容許孩子蠻橫對待他們時，孩子不快樂的感覺也會加深。

改變

很明顯的，安娜瑪莉亞並無法停止兒子加諸在她身上的蠻橫行為。她需要幫助。當我問到她可以選擇誰來作為她的反蠻橫支援團隊時，她第一個想到的就是隔壁鄰居，葛雷。葛雷是個繪圖藝術家，在卡通與設計界遊走。

安東尼非常喜歡葛雷的作品，認為他酷到不行。夏天時，葛雷常常會在兩家共用的後院裡面投籃。有時，葛雷會把最新的設計作品拿給安東尼看，或是給他一些跟女孩子約會的建議。

安東尼仰視著葛雷，會尋求他的指點。安東尼從不知道，原來葛雷對他來說猶如父親。他是安娜瑪莉亞反蠻橫支援團隊的完美人選。

最初，安娜瑪莉亞並不想把葛雷拉進來。「我幹嘛拿自己的問題去麻煩他？」她想著。

在我的堅持下，安娜瑪莉亞還是鼓起勇氣，去找了葛雷幫忙。結果，葛雷非常樂意提供她支援。他聽過安東尼蠻橫的吼聲（讓他非常驚訝），所以熱切的伸出了援手。

在我辦公室經過了一節腦力激盪後，我們決定，在平常上學的日子，葛雷會去和安東尼一起早餐。葛雷對這個邀請很是歡迎，他非常高興能有一頓家常早餐。

我知道安東尼絕對不會在葛雷面前蠻橫對待母親，因為葛雷是他最想留下好印象的人。這將是我們中斷安娜瑪莉亞家蠻橫行為動能的第一步。

當安東尼的媽媽宣布葛雷要過來一起吃早餐時，安東尼表示難以置信。「他幹嘛來跟我們一起吃早餐？我不懂。」

安娜瑪莉亞堅持作法。稍後，當葛雷真的過來吃早餐時，神奇的事情發生了。安東尼在葛雷到達前起床、穿好了衣服。他心情愉快，在早餐桌上開著玩笑。之後，葛雷讓安東尼搭他便車去上學。他們一起離開時，一路聊著天。

如果安東尼的媽媽沒去找葛雷幫助，這個轉捩點是不可能出現的。此外，葛雷還是安東尼絕佳的行為榜樣。他彬彬有禮，人很客氣，在事業上充滿雄心壯志，還有一個漂亮的女友正在交往中。

在開車送安東尼上學的途中，葛雷想也不想的跟安東尼說，「你知道的，你就一個媽。不應該對她不尊重的。」

葛雷這樣簡單的一句話，對安東尼卻有震撼的影響力。在好幾個禮拜的時間裡，安東尼再也沒有對母親有過蠻橫的行為。他萬一發了脾氣，就很快跟母親道歉。

結果

年輕人，特別是十歲之前的兒童和十多歲的青少年，對於行為榜樣有一種飢渴。他們會四處去尋找，校園裡、在流行文化裡、在電影裡，努力的去找，為的是要強化本身的認同感。一旦找到他們喜愛的成年人，他們就開始學習這些偶像的行為。

葛雷正是安東尼完美的行為榜樣。據安娜瑪莉亞表示，「請葛雷幫忙並不容易。不過，這是我做過最好的決定之一了。」

尋求幫助——跟老師、教練、朋友，或任何其他可以作為孩子正面行為榜樣的人講，不是軟弱的象徵，而是愛的表現。

當然了，請葛雷助一臂之力，並無法在一夕之間就讓安東尼蠻橫的行為修正過來，但這是很好的開始。

接下來，我們再來看看還能找誰來支援。

💜 步驟 ❸ 讓校方人員參與

我在紐約市公立學校的體系中待了十多年，一直和處於掙扎狀況下的父母親合作。在那段時間中我發現，最需要幫助的家長反而最少向前踏出一步。事實上，他們在家遇上的麻煩愈多，就愈不會去尋求幫助。

或許，他們覺得不好意思、厭倦了，或是不信任校方人員。或許他們正飽受焦慮或沮喪的折磨。但是，有一件事卻是很肯定的，讓自己與外隔絕只會讓困難變得更嚴重。

尋求幫助從未是一件容易的事。要當一個好父母必須為了孩子的幸福而甘願忍受個人的不適。

教養案例：潘蜜拉沉默的絕望

潘蜜拉不是出於選擇作為單親家長的。她從沒想過，要當個「軍眷媽媽」居然那麼難。當她的丈夫戴蒙被派到伊拉克時，她以為他最多幾個月就能回家。

這一去三年，他還是在執勤，沒有結束任務的跡象。

當戴蒙放假回家時，潘蜜拉覺得他已經變了，不再是當初她嫁的人。他喝很多的酒、發脾氣、有時候還整天睡覺。看到他們八歲大的兒子艾隆苦苦要求父親醒來陪他玩，她的心都碎了。

爸爸在家時，艾隆非常乖。不過，當戴蒙回部隊執勤，艾隆的行為就開始變壞。他變得脾氣不好，還出現了挑釁的蠻橫行為。很顯然的，被父親拋棄了的感覺是驅使他出現蠻橫行為的力量。

就像許多在成長過程中沒有穩定父親角色在身邊的男孩子一樣，艾隆開始把自己當做是一家之主的男人。在他心中，對母親蠻橫是很自然的事，畢竟，父親也是那樣對母親的。

潘蜜拉最大的恐懼成為事實了。艾隆變成跟他父親一樣，不是那個有著幽默感的戴蒙，而是情緒陰鬱、充滿攻擊性的那位。

這不是潘蜜拉願景中的家。

她在公眾場合盡量帶上一張笑臉。她從沒把自己個人的掙扎和老師或其他家長分享。無論何時，當外人問起戴蒙，她總是露出燦爛的笑容，拿出一張戴蒙身著軍裝的英俊照片給人看，照片裡的人英雄感十足。

潘蜜拉從未透露過她的掙扎。舉例來說，當艾隆因為在班上作亂，或是在午餐餐廳打架被送回家，潘蜜拉總是低頭跟指導的諮詢老師道歉，一句牢騷也不發。

艾隆更小的時候，潘蜜拉沒讓他玩過暴力的線上遊戲。而現在，只要他想，她隨時讓他玩，有時甚至一整個週末都在玩。結果，艾隆對於戰爭和殺戮培養出一種病態的強迫感，經常問媽媽他爸爸到底殺過幾個敵軍，他知道後好拿到學校的朋友群裡面去吹噓。

艾隆在學校的破壞性更嚴重，也更暴力了。事實上，他還因為直接一拳揍上同學的臉，而被留校察看一週。在這種時刻，潘蜜拉感到完全的挫敗。

她能怎麼辦？艾隆需要父親，但即使戴蒙在家，也有如不在。

分析

那是個週五的下午。我正要離開學校時遇到潘蜜拉躲在樓梯間的陰影裡哭泣。她跟我道歉，想忍住不哭。但是，淚水就是止不住。她沒有力氣去裝出一張笑臉。她的心在我眼前破碎。

我認出她是艾隆的媽媽。我們為了艾隆諮詢的事，曾在電話中談過好幾次，但是她一直婉拒。潘蜜拉解釋說，她的原生家庭把心理治療和諮詢，都當做是軟弱或是瘋狂之人才會去做的事。

　　今天，她出於自願來到了我的辦公室，哭了將近一個鐘頭。這是她第一次讓人知道自己的掙扎。她訴說著自己的絕望、了無企盼的感受，以及對自己情況感到的不公。無處不在的罪惡感開始削弱了她解決問題的能力。「我從一開始就根本不應該嫁一個軍人，」她說道，「艾隆根本沒有一個真正的父親。我們會處在這種情況是我的錯。」

　　這些懊惱、批評自我的感受破壞了潘蜜拉有效教養子女的能力。她一向以能夠自足為傲，從來沒要求過幫助或倚靠任何人。現在的她則被自我懷疑的感覺淹沒了，正以獎勵兒子惡劣行為的方式，來減輕自己對他沒有一個「正常」父親所產生的罪惡感。

　　她愈跟我分享她的感受，緊張的感覺就愈從臉上褪去。把情緒隱藏起來，在公眾場合戴上面具，而私下忍受痛苦，讓她的情況更加惡化。把自己隔離起來，從來不是解除痛苦的好辦法。

　　在幾週的療程裡，潘蜜拉經常來拜訪我。每一次，那種緊緊攫獲她的壓抑感逐漸變少了。她把掙扎分享得更多，感覺就愈好了。接受他人的幫助只是終結艾隆在家蠻橫行為的第一步。

改變

　　接下來，潘蜜拉去參加了退伍軍人協會理的一個軍眷媽媽支援團。在那裡，她找到了一個她從未知其存在的社團。在其他軍眷媽媽的陪伴下，她開誠的與她們分享內心的掙扎，而不是一味隱藏。她覺得在支援團的女性圈裡是安全的，她覺得被她們擁抱了。在她們的幫助之下，她還了解到，原來戴蒙患上了創傷後壓力症候群（post-traumatic stress disorder，簡稱PTSD），這是一種軍人常見的病症，但如果不加以治療，後果可能會相當嚴重。她覺得她丈夫也需要治療。

　　幾個禮拜後，潘蜜拉恢復了，開始拿回生活的主導權。她恢復了運動、去上免費的電腦課、跟朋友一起出去吃中餐。帶著清澈神

智的她，把雷射般的眼光投向了艾隆和他蠻橫的行為。她立即重整之前在她手裡消失的規矩、限制、以及分寸。「我不敢相信自己居然讓事情惡化至此，」她告訴我，「作為一個家長，我簡直是在駕駛盤上打瞌睡。」

一個晚上的時間，暴力遊戲就消失無蹤了，而週末可以玩三十分鐘遊戲的規則也被建立。艾隆想抗議，但是他可以感受到母親的改變。她的聲音很堅定，她不再害怕去對兒子設下限制。事實上，他現在有一點怕她。艾隆知道他耍橫的日子結束了。

聽起來或許有些奇怪，但是孩子對父母心存些許畏懼，特別是像艾隆這樣有衝動問題的孩子，對孩子居然是挺健康的。與其被衝動主宰，潘蜜拉對艾隆設下的限制可以幫助他好好的控制住自己。在母親敦促與自己衝動之間的暫停時間裡，艾隆學會了如何做出比較好的選擇。潘蜜拉強勢的領導也降低了艾隆的焦慮感，讓他明白，即使父親不在身邊，她還是老闆；而艾隆，事實上，並不是一家之主的男人。

一天晚上，當潘蜜拉把兒子塞進床上時，艾隆終於能把心裡真正的焦慮講出來——他很怕父親會死於戰場。他也跟母親說，他曾在網路上看到一些讓他十分驚嚇的戰爭照片。士兵們受傷、死亡的臉龐在夜裡緊纏著他不去。有時候，他很怕閉上眼睛。

當潘蜜拉聽到兒子的恐懼，她才發現兒子受到了多大的折磨。所有蠻橫的行為和虛張聲勢都是一場表演而已。當她把兒子的恐懼平復下來後，她覺得自己應該採取更多行動來幫助兒子。

當戴蒙返家後，他也注意到潘蜜拉的改變。她不再沉默的生活在絕望之中。她把他拖到退伍軍人協會，幫他找治療師。她把他介紹給她支援團隊裡面的女性，還幫艾隆報名參加由軍方所辦的親子遊戲團。

這對曾經一度把治療視為軟弱與瘋狂專屬特色的人來說，是一段多麼漫長的路。

結果

和潘蜜拉一樣，你可能會害怕其他家長背後如何說你，擔心家人或鄰居怎麼評斷你。但是當你把這樣的恐懼放到一旁，去尋求協助，你就會變成一個更堅強的人——一個蠻橫孩子所需要的父母類型。

諮詢指導老師、學校的輔導老師、以及學校其他負責人員都能動用到學校的支援服務，以及鄰近區域的資源，像是諮詢或是私人指導中心。

不過，首先你得打破沉默。

步驟 ❸ 幫孩子選擇正確的治療師

我們生活在教養子女的黃金年代。歷史上從沒任何一個時代像我們今日一樣，擁有那麼多給父母的專業照顧與支援。網路上充滿了各種教養子女的網站、播客（podcast）和影音資訊。圖書館、書店和社區中心更是會邀請教養書籍的作者來開討論會。心理治療師、學校的社工人員、以及私人的執業人員在教養子女方面更是專精。但是幫孩子找到「正確的」治療師卻可能相當有挑戰性。一個家長最近在我的辦公室裡講，「這整個過程壓力實在太大了呀。在我幫孩子找到治療師之前，自己就先需要治療了。」

如果在與校方人員和朋友，針對你家孩子蠻橫的行為進行接觸後，你還是決定要找治療師諮詢，以下就是一些你要謹記在心的事情。

✪ 先與孩子學校的諮詢指導老師接觸

有經驗的學校諮詢老師對於當地的兒童／青少年治療師掌握度很好。他們可以提供你可靠的參考資料，推薦你專精於親子教養的治療師。

✪ 參加教養研討會或演講

學校、治療機構、子女教養組織以及青年中心，都提供父母親免費的演講和研討會。聽聽治療師討論他們的工作內容，並解釋治療過程，是對治療世界很好的介紹。參考其他父母提出的問題，對你也很有幫助。如果你喜歡特定治療師的介紹，可以直接找他諮詢。

✪ 請信任的朋友推薦

如果你的朋友在跟某個治療師合作時，有正面的經驗，那麼應該就是你最可靠的引薦來源了。去了解整個過程是如何展開的，多研究一下朋友的經驗，可以讓你節省大量的時間和精力，也能幫你指引正確的方式。

✪ 選擇治療師的幾個提問

以下是幫助你選擇正確治療師的問題，你可以在電話裡進行詢問。

➤ 你在兒童領域的背景與訓練如何？

➤ 你和家長有多常見面？

➤ 你會跟孩子的老師或是諮詢指導老師接觸嗎？

➤ 孩子待在你那裡治療的時間通常有多長？

❧ 你對於用藥有什麼想法？

❧ 我可以參考一位孩子曾經與你合作過的家長嗎？

☺ 諮詢前的準備清單

在你約定時間諮詢之前，先準備一張孩子問題的清單。把你手上所有的教育評估或是課堂報告都帶著。要考慮你孩子長期的過往經歷。

❧ 蠻橫行為是最近才養成的嗎？

❧ 你們家庭最近有重大的變化或分裂嗎？

❧ 你的孩子看起來似乎很沮喪或焦慮嗎？

你為諮詢所做的事前準備愈多，能夠從其中獲益的就愈多。這也是在為與你孩子的治療師搭檔一起工作設立平台。請別忘記，沒有人比你更了解你的孩子。

✪ 先諮詢 3 個治療師，再選擇

每個治療師和孩子一起相處的風格與方式都不同。舉例來說，有些治療師喜歡和家長一起合作，而有些則偏好單獨跟孩子一起。

花些時間，至少與三位治療師進行過面談。許多心切的父母會聘用第一位見到的治療師，不過這稍後只會後悔。不要心急，要有耐性。相信你的直覺。

認識心理健康專業人員

社工、心理醫師、心理治療師──這些人之間有什麼不同？問得好。他們雖然都被稱作治療師，但是在訓練與獨特的專長上，差異極大。以下就來迅速看一下他們的特質：

❧ **臨床社工**：臨床社工人員擁有社會工作系所的學士或碩士學位，通常會接受賦權（empowerment）與鼓吹（advocacy）方面的訓練。社工人員會透過談話、遊戲治療、諮詢或團體工作的方式，以實際的手法來解決問題。

❧ **精神科醫師**：擁有醫學學位主要是可以開藥。舉例來說，如果你想要抗憂鬱，或治療焦慮、注意力不足過動症的藥物，這就是你要找的醫師。

❧ **心理學家**：擁有博士學位，可以提供神經心理方面的評估（見第二章）。這些人可以指出學習與感知上的障礙，像是讀寫障礙、注意力不足過動症，或是聽覺處理困難。他們的推薦範圍可能涵蓋藥物、個人或團體治療、與有特定學習專長的家教、上學方式的改變，或是更多學業上的支援。

兒童青少年的治療類型

專為兒童／青少年設計的治療類型有數十種，以下簡單的列出幾種最常見的治療類型：

❧ **遊戲治療法**：遊戲治療師利用玩具、行動劇角色扮演、遊戲和藝術來幫助較小的兒童把心中的恐懼與關切的事描述出來。遊戲治療法最適合學齡前或國小年齡層的兒童，有情緒上的問題、需要協助來表達出來的。

❧ **團體治療**：團體治療法對於兒童或十幾歲的青少年、有社交上問題，如極度害羞的，極為理想。團體治療能幫助需要的孩子建立社交上的信心與樂觀。

❧ **認知行為治療法**：認知行為治療法（Cognitive Behavioral Therapy，簡稱 CBT）對於有專注力問題、恐懼症、以及強迫症的孩子來說，是最受到歡迎的治療法。認知行為治療法在一定的時間限制內，利用各種技巧，如放鬆運動、個人飲食以及工作表來鎖定目標，以改變特定的行為及心情問題。

❧ **家庭治療法**：家庭可能受到各種打擊而崩潰，原因從經濟難關到離婚、疾病以及生離死別都有。家庭治療師會幫忙一起開家庭會議，幫助家中所有成員把心中的關切和挫折都表達出來。家庭治療法的目的在於重建家人之間的正面溝通管道及相互尊重。

❧ **個人治療法**：把心中的煩悶一吐而空，誰能不感到輕鬆些呢？幾乎全部的治療師都受過談話治療法的訓練；不過，請確認你所選擇的治療師受過這種特定的訓練，並有治療年輕人及其家人的經驗。

立刻行動，獲取勝利

二十年來，許多飽受子女蠻橫對待的家長不斷的來拜訪我，尋求建議與指引。這些人對取得幫助協助自己和子女相當積極，而他們最終都會取得勝利。

外面的世界提供許多協助。以下我很快的把本章裡面幾個重點、以及能幫助你組成支援團隊的問題回顧一下。

和你的配偶或伴侶聯合陣線

- 你和伴侶在教養子女上，最大的衝突是什麼？
- 你可以採取什麼步驟來解決這些衝突？
- 你們一起設定的教養目標是什麼？

把親友列入支援名單

- 你可以找哪些親朋好友來支援？
- 有誰是讓你很有信心的嗎？
- 哪三位朋友是你今天就可以聯絡來加入你的反霸橫團隊的？
- 有哪個人是你希望跟你孩子能建立監督指導關係的？

聯絡校方人員

- 孩子的學校裡，有你信任的人嗎？
- 你和哪一位老師或指導諮詢老師相處最自在？
- 你可以參加學校舉辦的家長會嗎？
- 如果學校沒有家長會，你願意發起去組織嗎？

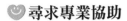

尋求專業協助

- 你家附近社區有青少年教養中心可以提供教養上的支援嗎？

- 你們社區中有哪些資源是家長可以使用的嗎？

- 你有朋友能推薦專業人員給你嗎？

 ## 該送孩子去寄宿學校嗎？

　　從前我相當反對寄宿學校。我認為把孩子送離身邊是痛苦又殘忍的──是家長或學校教養上的失敗。我認為治療可以把一切都導正。不過，我錯了！如果你孩子的蠻橫行為與自我毀滅能力已經失控了，寄宿學校或許是個值得考慮的選擇。

　　當孩子的生活圈裡有太多負面的影響，尤其是在他十幾歲的青少年期時，治療很可能不會收效。即使是最樂觀活潑的孩子在吸毒同儕的影響下，也很可能會隨波逐流，或在懲惡危險和破壞性行為的環境中失去自我。要重建家中清明的風氣，讓孩子有個安全的環境，你必須採取更激烈的步驟。

　　即使未嚴格限定，但大多數的寄宿學校都是給十幾歲的孩子去讀的。建議父母幫孩子選擇寄宿學校的前三大理由為藥物成癮、犯罪以及在學校表現差。

藥物成癮

　　如果你的孩子曾在派對中呼麻或酗酒，你可別嚇壞。現在的時代，青少年有這樣的行為並不少見。但是，如果你家孩子經常酗酒、

嗑藥嗑茫、每天抽大麻——不論是單獨在自己房間抽，在學校、或是跟某個特定的同儕族群——那麼你就有必須關切的理由，特別是如果你們家有藥物成癮的紀錄，或是你發現孩子正在使用比較重的藥物。

藥物成癮會引發嚴重的情緒不穩、突然暴力、以及非常極端的挑釁行為。如果你看到這些副作用——而且，你覺得正在失去孩子——那麼就該是採取行動的時候了。要矯正酒精藥物成癮並不容易，但是一旦成功，就會成為孩子對自己認可的一部分，而且持續一生。

☺ 犯罪行為

在商店偷竊、侵害、以及其他的犯罪行為都是青少年期典型的試煉。但是如果你的孩子有這些行為，而不是更重的犯行，像是販毒、涉入暴力集團、或因輕罪或重罪被警方逮捕，那麼希望你的孩子最好不要牽涉到這些。你必須讓孩子遠離鼓勵這類行為的環境，而且手腳要快。

☺ 學校表現差

留級、留校察看、曠課、或是與師長或同儕發生衝突都是徵兆，表示可能得幫孩子換個新學校。與其匆匆忙忙幫孩子換學校，倒不如先考慮孩子最迫切的需要。我曾和孩子被兩三所學校退學後，才考慮寄宿學校的家長合作過。當孩子的年齡愈來愈大，可供選擇的寄宿學校也就更有限了。如果你懷疑孩子白天去上的學校很不適合他，而且事情是每下愈況，那麼不要浪費時間了。寄宿學校除了要能符合他在學業上的需求外，還要有治療功能，能幫忙消除孩子充滿毀滅性的行為。

😊 治療型寄宿學校的好處

所有的寄宿學校都會對孩子一天二十四小時的時間進行管理，而非只是一般日校提供的六、七個鐘頭而已。話說回來，治療型寄宿學校提供密集式的治療、諮詢、及賦權課程規劃，為的是要強化十多歲青少年的核心認同，消除他們的毀滅性行為。請選擇一所特別為解決問題行為而設立的學校，以免孩子被退學，你又回到了原點。

以下就是寄宿學校能夠提供給您的幫助。

⊕ 寄宿學校讓孩子脫離毒品的影響

一旦進了寄宿學校，你的孩子就無法接觸到毒品或酒精，也遇到不到把他帶往歧路的同儕。寄宿學校與外面失序脫控的世界完全隔絕。負面的影響一旦被移除，經驗豐富的諮詢師或治療師就可以開始著手處理引發他自我毀滅行為的問題了。

⊕ 寄宿學校給孩子健康的生活制度

寄宿學校提供孩子高度制度化的日程，像是規定上課時間、自習時間、做功課的時間、上床時間、早上起床的例行規矩、用餐、運動及諮詢等等。雖然孩子一開始會反抗這種制度，但是一旦導入正軌，他們的行為與情緒就會有大幅度的改善。這樣正面的框架可以滋養出健康的情緒與心理發展。

舉例來說，我曾和一位對影音遊戲上癮的胖青少年工作過。他睡覺的時間亂七八糟，所以學校表現不及格、朋友沒幾個，對父母態度蠻橫。讓事情更糟糕的是，他對未來沒有願景。

在所有的手段都宣告失敗後，他的父母幫他找到了一所適合的寄宿學校。第一個學年，他就瘦了超過十公斤，變成一個英式橄欖

球員，還交了第一個女朋友。他吃飯、睡覺、運動的作息終於正常了。週末回家，他的父母為他的改變感到極度的震驚。他們的孩子回來了！在他離校之前，所有的壞習慣幾乎都戒除一空。他已經準備要上大學去主修電腦軟體設計了。

✪ 寄宿學校用正面影響取代負面影響

我對於行為榜樣在問題孩子生活上能夠產生的正面影響，一直感到敬畏。我見過藥頭在接觸了優良的行為典範和監護後，變成芭蕾舞者或運動員的例子。十多歲的孩子渴望有成人榜樣可以仰望。諮詢人員和寄宿學校中的其他同儕通常可以滿足這個需求，提供孩子做出更好選擇的機會。

 寄宿學校的替代選項

不可否認，送孩子進寄宿學校的花費彷彿在讓你割肉。有些家長把替孩子存的大學學費拿來送孩子進寄宿學校，因為他們知道不這麼做，很可能就沒有大學可以上。如果寄宿學校無法成為你的選擇，那麼我還看過某些家長在採取以下一些替代方案時，也能收到一些效果的。

☺ 離開負面環境的影響

昔日孟母三遷。要把孩子從不良的負面環境中拉出來，家長可以透過暫時性的搬遷，或將孩子送到外地，在其他成人的監護下生活，姑姑阿姨叔伯舅舅、堂表兄姊，或是朋友都行。這作法聽起來似乎頗為荒唐（我可以感覺到，我的同僚們在一旁瞟白眼！），但是如果負面的影響已經失控了，在專業的協助確定介入之前，這作法卻能迅速的發揮作用。

進行社交行動計畫

永遠不要小覷了利他主義在改變一個問題孩子上的力量。我曾經見過青少年在參加過颱風災區協助重建計畫，或是和平工作團後回來，深刻的改變。去親自面對飽受折磨的人，提供他們幫助可以改變孩子看事情的觀點。這樣的計畫也可以提高孩子的自尊、目的感，以及個人的價值感。

參與野外訓練計畫

像是 Outward Bound 外展訓練計畫這樣的活動，通常會提供隨來隨審的報名方式。換句話說，孩子馬上就可以加入了。這是一種綜合了健康戶外運動、團體及個人諮詢、以及野外活動的計畫，提供孩子非常需要的反省時間。許多野外訓練計畫的諮詢師事實上是這些計畫的畢業學員，正好見證自己所做的好事。

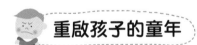

重啟孩子的童年

我把寄宿學校當做最終的手段，也就是其他方法都失效時，背水一戰的辦法。是的，這個決定並不受到歡迎，但是當你看到孩子正朝著自我毀滅之路或是犯罪紀錄走去，其他的那些替代方案卻會讓你痛苦得多。

過去這麼多年來，一些被送到寄宿學校的青少年孩子曾經在二十歲、三十歲時回來看我。無論當時做決定時有多困難，他們幾乎都異口同聲表示對這個措施心存感激。正如其中的一位告訴我，「那時候我的生活脫序又失控，當我父母親介入時，我覺得自己心底深處是舒了一口氣的。如果當時他們沒有那麼做，不知道今天我會在哪裡。」

我的教養日誌

Chaper
8

7 種引發蠻橫行為的教養危機

我們都想保護孩子，不讓他們吃苦受罪。只是，或早或晚，所有的家庭還是會遇上某些足以改變一切現況的危機。疾病、受傷、失去所愛的人，這些是人人都會經歷、也逃不掉的。每個家庭事實上都得面對。

　　此外，孩子還得面對他們自己的辛苦。考試不及格、被想追求的人拒絕、考不上第一志願的大學。這樣的失落會讓人沮喪，也提醒大家，人生無法事事如願，完全照我們的計畫去走。

　　對行為蠻橫的孩子來說，這樣的困難挑戰性就特別高了。他們可能把肩膀一聳，告訴你他不在乎。但是，你可別被騙了，在虛張的外表下，潛藏的是一個脆弱的自我。正是這份脆弱，讓他們在面對生活中的失望時，更容易受傷。即使是婉轉的拒絕或失敗，對他們來說，就宛如世界末日。

　　行為蠻橫的孩子缺乏情感資源來平撫自己的情緒、忍受挫折或壓抑衝動。沒有了這些機制，在出現危機時，情緒的緊張度就會提高，所以他們就會以蠻橫行為來紓解壓力。

　　要保護自己，不被不安感緊纏不去，蠻橫的孩子通常得找一隻代罪羔羊。

　　「我能怪誰呢？」

　　「我應該對誰負責任？」

　　「這是誰的錯？」

　　那麼，他們一向最常怪罪誰呢？猜猜看，自然是他們的父母。

　　這正是為何你在危機時如何處理自己，是如此重要的原因。你的應對方式，會變成孩子未來面對生活中的挑戰時，學習的標準。最後，真正產生差別的不是危機本身，而是你處理危機的方式。

當危機出現時

　　有些危機出現得毫無徵兆，例如突發的疾病或受傷。其他的則可能慢慢出現，像是逐漸露出敗象的經濟問題，或是慢慢出現的學習障礙。

　　任何危機的影響都會讓整個家庭陷入一片紊亂。就在一眨眼之間，家中的次序大亂，作息改變、每天的活動都被干擾。當家庭的秩序脫軌，不安的感覺就會影響到孩子。

　　在改變或是危機發生的時刻，孩子感受到的焦慮感會急增。為了釋放內心感受到的壓力，他們就會開始蠻橫對待父母。即使是脾氣溫和的孩子也可能會把壓力倒到父母身上。任何時候，只要孩子突然開始對你使壞，那就是他在跟你舉紅旗，告訴你他覺得脆弱了，覺得害怕。每一個危機出現時，都帶著讓孩子產生壓力的未知數。

　　當孩子無法將恐懼訴諸言語，或是透過創意活動和壓力出口排除，就會出現心因性的症狀，像是驚慌、失眠、打或逃的反應。這些深層的反應會讓孩子全身不適。

　　「我發生什麼事了？」

　　「我的身體為什麼出現這種反應？」

　　「我是不是快瘋掉了？」

　　危機會讓情緒放大，會讓情緒陰沈善變。你的孩子可能會因為一件看似微不足道的小事而突然崩潰，或是沒任何理由就一臉淚水。他可能會開始蠻橫對你、責怪你，或是以完全無法預料的方式攻擊同儕或兄弟姊妹。這些都是由危機浮現出來的情緒不穩跡象。

　　第二章中所列舉的活動（像是壓力出口、建立自尊的事）都能

幫助孩子管理情緒，讓他有個地方可以用正面的方法來排解因壓力產生的神經緊張。

♥ 危機時光機

危機導致退縮。當孩子覺得被圍攻，感到害怕時，他們的行為就可能會退到年齡更小的時期，變得很黏人。或許，他們會開始回頭玩起舊玩具、或是拒絕獨自出門。有些孩子還會要求睡覺不關燈，或是三更半夜爬上你的床去跟你擠。克服過蠻橫傾向的孩子有可能又會再要橫。

當然了，幼稚的退縮行為會讓父母擔心。我就常收到聲音裡充滿驚恐的語音訊息：

「我十六歲大的女兒為什麼玩起洋娃娃？」

「我十三歲的兒子怎麼用娃娃音說話？」

「我五歲大的兒子為什麼不肯自己睡覺？」

不要煩惱。這些退縮的反應都是孩子試圖想讓自己的生活回到更穩定的時期——一個讓他感到安全、安心的時期。

教養案例：丹娜的蠻橫行為是一個徵兆

從鄉下小鎮搬到大城市後，十二歲的丹娜就不肯自己睡覺了。多年來，她一直都是自己睡一個房間，毫無怨言的。但是現在當父母親早上叫她起床時，會發現她就縮在他們床尾睡覺，全身捲起來就像一隻受到驚嚇的小動物。

一開始，父母親還有耐性。他們知道換學校、朋友不見了、要

適應一個新的鄰近環境，對她來說蠻困難的。所以，他們就做了一些調適，像是不硬性要求她一定要做家事、讓她在他們房間裡睡覺、再次為她讀起了床頭故事。他們甚至安排她打電話給以前的朋友。有時，丹娜還會花上好幾個鐘頭跟老朋友在線上聊起舊日的種種。

不幸的是，當丹娜對朋友和從前學校的懷念加深，她對新家的正面調適就減少了。她希望能回到從前的日子。她開始用頂嘴、崩潰和威脅來測試父母。

用不了多久，丹娜的父母就失去耐性了。他們不是去降低衝突，確認她的感受、讚美她的優點，而是直接進行處罰。晚上，他們把她從父母房間趕出去、不再念床頭故事、也不給她再打電話了。

正如我們在第二章中討論過的，處罰對於減少蠻橫行為效果很差，因為引發該行為的核心的情緒問題並未獲得解決。處罰還缺乏了同理心與同情心。通常來說，他們做的只不過是父母用蠻橫的手法讓孩子屈服而已。在這種情況下，處罰只會引起更嚴重的挑釁行為及反抗。丹娜的個案就是如此。

丹娜回擊的方式是完全拒絕各種形式的合作。她不去上學、不換衣服、也不整理自己的房間。她甚至拒絕洗澡或刷牙。

這是開戰了。

丹娜的父母是那種萬事有我型的父母，用更多的處罰來施壓。他們拿走她最心愛的玩具、電腦、以及手機。丹娜的爸爸甚至還威脅要把她的床拿走、房門拆掉，讓衝突更加激化。

丹娜用粗暴的方式來回及，並且責怪父親搬家，所以毀了她的生活，她還說母親是「無腦、愚蠢的家庭主婦。」

最後，丹娜的父母決定求助。他們人生第一次，接觸了心理治療師。

分析

當我開始跟丹娜一起工作，她的症狀似乎像個沒有頭腦的人。來自搬家的壓力對她來說沈重到難以負荷：她失去了朋友、童年長大的家、以及待了一輩子的社區。這顯然是個調適問題。

我也這麼想。

在丹娜來諮詢的時段裡，我注意到，她很容易受驚。一個敲門聲、車子喇叭聲、不期然響起來的電話鈴聲——像這類小小的干擾都會讓她嚇得從椅子上跳起來。然後，我腦中突然一閃，她可能有聽覺處理異常症（Auditory Processing Disorder）。

簡單來說，聽覺處理異常症跟大腦整理聲音的方式有關。丹娜很可能有聽覺處理的障礙。這會影響到她在校專注的能力，或是無法忍受比較混亂的時段，像是下課時間。聽覺處理異常症也可以解釋為什麼丹娜會抱怨，從搬到都市以後，她就出現的頭痛問題。

丹娜的聽覺處理障礙在安靜的鄉間可能不會被注意到。但是，到了大城市，喧嘩聲和車水馬龍就把她完全打敗了。

丹娜的狀況讓她在新生活中到處碰撞，一直處於懊惱的狀態。這種情況衍生出許多困擾與恐懼。她擔心半夜會有人從逃生梯爬上來，打破她的窗戶。她擔心從學校走路回家的路上會被人綁架。她擔心醒來眼睛一睜開，就發現父母不見了。

丹娜父母親給她的處罰實際上是加重了她的焦慮感，讓她蠻橫的行為變多，把她往偏執裡推。所以，她會如此掙扎，都是有原因的。

改變

丹娜需要的不是處罰，是幫助。

我推薦丹娜的父母帶她去做神經心理評估（第二章中曾經討論

過），確定她是不是有聽覺處理上的障礙。我也建議他們，與其處罰丹娜，倒不如幫助她找一些能讓她安撫自己的活動。舉例來說，她可以去報名參加藝術班、或是在當地社區中心辦的瑜伽課程或是冥想課程。如果她覺得很焦慮，不想自己報名上課，可以由其中一位家長陪同去上。在家中布置出一個安靜的角落，限制聲音與燈光，都可以讓她在學校充滿壓力的一天回來後，放鬆精神。

　　處罰不僅沒效，還會摧毀丹娜與父母之間的關係。找出她內心壓力的來源才是終止她蠻橫行為的基礎。她的父母一旦發覺女兒的蠻橫行為原來是更深的心理問題所導致，他們就會想辦法做出更有效的選擇，讓女兒獲得所需要的幫助。

　　在寫教養日誌時，丹娜的母親突然想起丹娜有多喜歡原來舊家附近的一家寵物店。丹娜年紀小的時候，店主人還讓丹娜幫忙照顧並餵養小狗。

　　後來當她們在新家附近開車購物時，丹娜的媽媽突然想出了個點子，停在當地一家寵物店前。「我們一踏入店中，丹娜看到那麼多小狗時，馬上就活了過來。」丹娜的媽媽說道，「她開始笑，並指出不同的品種。看到她再次笑了起來，我真的非常開心。」就算他們家因為爸爸過敏，無法養狗，店主還是提供了丹娜一個機會，讓她可以在下課後隨時過去，「就這麼簡單，」她的母親告訴我，「但是，這是丹娜轉變的開始。」

結果

　　當丹娜的父母開始留心她焦慮的問題，並認清她蠻橫行為發生的真正原因，丹娜在學校開始安定下來，並結交了朋友。讓她緊張的情緒獲得紓緩，比處罰她更有效。丹娜很快就恢復成從前的自己，蠻橫的行為也逐漸消失不見了。

調適與轉變的 3 要點

家庭生活遇上重大的改變時，有蠻橫行為的孩子會需要更多的支援。在調適與轉變的期間，請記住三點：準備、處理以及計畫。

要點 ❶ 花些時間準備

在改變發生之前，盡量提前告知孩子。花些時間和他們討論這些改變，給孩子一些空間來說出他的恐懼跟關切的事。如果他的反應很負面，不要叫他閉嘴別談。讓他把這些感覺直接表達出來，而不是嚥下肚中，轉化成蠻橫的行為。

定下時間，經常召開家庭會議，討論即將到來的改變，並看看有什麼方式可以給彼此更多支援。腦力激盪或許能把改變可能遇到的困難予以拔除。把彼此用共同的經驗聯合起來，可以讓家人之間更加團結。

舉例來說，如果你們要搬新家，花點時間和你的孩子一起去附近逛一逛。拜訪孩子的新學校。帶他去當地的青年活動中心，讓他能夠認識新朋友。或許，他會從其他也是搬家過來的孩子身上聽到他們的經驗，因而對新社區做出正面的調適。或許，新社區還有某些地方是從前社區比不上的。

你愈早讓孩子做好改變的心理準備，他去做正面調適的機會就愈大，不會因為要紓解壓力而退回做出蠻橫的行為。

要點 ❷ 處理孩子的情緒

當轉變的那一天到來時，你可以預期，孩子的焦慮感一定會增加。幫助他認出這些感覺、嘗試去了解他關切的事，幫助他去處理他的情緒。請記住，情緒不佳、暴躁易怒以及蠻橫的行為，可能都

會加深。保持平常心，不要去回應、不要說教。

❥ 不要用過度的樂觀看法去壓下擔憂：「這樣肯定會很棒的！」

❥ 或是發出批評：「你就是太會擔心了。」

❥ 又或是做出直接的比較：「你怎麼不能多像你哥哥一些？」

這樣的話完全沒有撫慰人的效果。所以，你要去確認他的感受，找出一個方法來認同他的經驗，並給他支持。把你關切的事也表達出來，但是對於自己的領導要充滿自信。

舉例來說，在轉變時期，會讓某個蠻橫孩子感到安慰的話可能像是，「我知道這樣你壓力很大。我自己也害怕呀。不過，只要我們緊緊在一起，一定可以沒事的。」

別忘了，你的孩子正處在緊張之中，被改變包圍。請好好運用你的溝通技巧，安撫孩子的恐懼情緒及焦慮感。讚美他所做的努力，無論事件有多微小，都設法找出來，並讚美他。幫助他在轉變時期處理情緒，對於穩定他情緒的核心、降低緊張感，非常重要。

☺ 要點 ❸ 和孩子一起訂定計畫

轉變期過後，還有一些事要做。到事情全部安定下來以前，請預期路上一定會生出曲折。請專注在幫助孩子上，為可能出現的困難，跟孩子一起做計畫。研究一下所有可能發生的困難，並擬定策略，看看萬一出問題時如何處理。舉例來說，

- ❥ 我如果迷路了怎麼辦？

- ❥ 如果我用電話連絡不到你怎麼辦？

- ❥ 如果我把家裡鑰匙丟掉了怎麼辦？

為未來尚未可知的事先擬好計畫，可以讓孩子在遇到問題時，應對的能力變強。

問題	解決方案
我把家裡的鑰匙丟掉了。	→先到鄰居家去。
我覺得生病了。	→告訴學校人員。
有人在跟蹤我。	→到街角的店去，請店主打電話給我們。

一起想辦法來解決每一個問題。孩子的準備做得愈周到，遇到挑戰時，信心就愈充分。

孩子喜歡計畫。他們喜歡已經準備好的感覺，也喜歡父母信任他們的感覺。當你坐下和孩子一起訂定計畫時，你等於在跟孩子說，「我對你有信心。我相信你。你可以處理自己的事情。」

 ## 7 種引發教養危機的狀況

任何家庭都會遇到障礙，我把這些障礙歸類成七種可能引發孩子蠻橫行為的獨特危機情況。雖然你一次七個全都遇上的可能性不高，但是要全部避免卻是可能的。

❶ 疾病與受傷

❷ 心理創傷

❸ 離婚

❹ 領養

❺ 經濟不穩定

❻ 學習問題

❼ 死亡

本節的目的是要讓你做好處理這些困難的準備，並帶領家人度過每一個難關。

😊 疾病與受傷

父母一旦生病或受傷，孩子的世界就會陷入停頓。安全和安心的感覺很快就會蒸發不見。父母被認為是堅不可摧、對生活的傷害具有免疫力的。當孩子見到父母生病或受傷，無論是哪一個年齡層的孩子，都會感到震驚。這是個恐怖的起床鈴聲，提醒大家無論準備得再充分，天有不測風雲，人有旦夕禍福。意料之外的事總是會發生，而人都是脆弱的。

父母生病或受傷，孩子就會生出一些令他困擾的想法和擔憂：

「我如果沒了媽媽怎麼辦？」

「如果我爸爸情況不見好轉怎麼辦？」

「誰會來照顧我？」

這樣令人不安的問題會讓孩子產生非常大的焦慮感，特別是那

些會出現蠻橫行為的孩子。心裡堆積著壓力，衝動就會更難以壓抑，要控制自己也就更難了。

教養案例：做化療的愛妮塔與兒子卡爾

被診斷出有末期的乳癌時，愛妮塔震驚又心力交瘁。親友聚集在身邊為她加油打氣。每個人都想伸出援手幫助她，例外的只有她十五歲的兒子卡爾。

「從我告訴他醫院的診斷後，」愛妮塔表示，「他就一副氣沖沖的樣子。他只是聳聳肩，開始對我視若無睹。我愈衰弱，他就愈冷酷，充滿敵意。我以為他會好一點的。天啊，我真是錯了！」

分析

卡爾是發生了什麼事？為什麼愛妮塔的病會讓他產生這樣的反應？

卡爾是嚇壞了，他害怕失去母親。看著她的身體和精神因為化療一天天衰弱下去，他的恐懼感急遽提昇。更糟糕的是，愛妮塔是他唯一的家長。在卡爾蹣跚學步時，父親就因為一場悲劇性的車禍過世了。如果母親出了什麼事情，他在世界上就孤孤單單一個人了。

與其去經歷因為她生病帶來的恐懼——無法想像生活中沒有媽媽的情景——他把感受轉換成較能承受得多的情緒：對於母親生病感到憤怒。

這裡就是令人震驚的部分了：當愛妮塔以憤怒來回應他蠻橫的行為時，卡爾感到安慰。她又是從前的她，比較有精神、生氣勃勃。在他心底，和已經衰弱下去的母親對抗是保持她生機的方式。

改變

　　在我們一起工作時，愛妮塔發現，她必須面對卡爾蠻橫的行為。由於她的病，家裡面已經充滿了來來去去的訪客，幫忙煮飯和打掃。親友的支援對他們是一大紓解，然而母子之間從未有獨處的時間。他們彼此沒有接觸，愛妮塔確信，這正是讓他不待見她的理由。她必須製造出時間和空間，和兒子私下談一談。

　　於是，她安排了一頓安靜的晚餐，單獨與他一起。她想要安慰他，指出他的蠻橫，並終止母子間這種口角不斷的情形。

　　晚餐時，卡爾放鬆了下來。他們已經很久沒有單獨相處了。等到適當的時機，卡爾似乎聽得進話的時候，愛妮塔直接把他的焦慮指出來。「我知道你很怕我生病，」她說道，「我也是。不過，我們一起經歷了這麼多困難，這次，我們也能一起度過的。」

　　卡爾點點頭。

　　「我不想再跟你戰。我希望我們跟從前一樣又是一個團隊。」

　　卡爾哭了起來。幾個禮拜來，愛妮塔第一次擁抱卡爾，而他也讓她抱。當卡爾啜泣時，愛妮塔安慰他，「我哪裡也不去，」她對他保證，「我們這次要一起來打敗病魔。」

結果

　　接下來的日子，卡爾恢復了舊時的自己。他開始幫忙家裡的事，甚至跟媽媽一起去看醫生。

　　當孩子被危機壓倒，父母的認同是他們最有力的支持。孩子有太多情感無法訴諸言語。他們需要父母透過層層迷霧來接觸這些情緒，讓他們撥雲見日。當蠻橫的孩子覺得自己被了解了，心中就會陣陣平靜。

　　當愛妮塔能把卡爾的恐懼情緒表達出來，滋養他蠻橫行為的緊張就會被排除。

✪ 當孩子生病或受傷

孩子相信自己是無敵的，就像是動作片中的英雄，對生活中脆弱的事具有免疫力。但是得知自己也有弱點，只是時間早晚的問題，扭到腳踝、手骨折了、突然生病，這種事，原本事不應該發生的。畢竟，超級英雄們不是刀槍不入，都不受傷或生病的嗎？

一旦生了病或受傷，孩子在看待事情的觀點就會產生天淵之別。令他們害怕的問題一個個蹦出來。

「我要是沒變好呢？」

「如果我身上還出現其他壞事情呢？」

「如果我死掉了呢？」

發現自己不是無所不能，對所有年紀的孩子來說都是一件震驚的事。得知自己如何也無法置身於苦難之外，是對個人信念的一個背叛。孩子們第一次體驗到自己的極限，簡直嚇到心旌神搖。

✪ 藉由耍橫來舒壓

對許多處於危機中的孩子來說，蠻橫的行為可以讓個人的苦悶有暫時的喘息機會，提供一種有力、可以使力的感覺。他們或許不是萬能，但至少有能霸氣行為的能力。

不過，回應孩子在危機中蠻橫行為的方式，還是一樣的。不要陷入思考的陷阱裡，認為孩子沮喪，所以蠻橫行為就可以被接受。事實上，剛好相反。蠻橫行為會使緊張程度提高，讓孩子的焦慮感更重。做出蠻橫的行為後，他們的感覺甚至會更糟糕。

不論情況如何，蠻橫行為絕對不是一個選擇。

😊 心理創傷

　　所有讓家庭脫出常軌、無法預料的事，都有在孩子心上施加創傷的可能。心理的創傷眼睛雖然看不見，卻會在情感上留下時間才能復原的傷痕。引起心理創傷的事件可能是災害事件，像是颱風掃過家園，或是在街頭遇上一個口出威脅的人，把你嚇壞，又或許是看似無甚傷害的小擦撞，卻讓每個人膽顫心驚。危險，無論是真實發生或是想像的，都有引起心理創傷的可能性。而心理創傷則會慢慢消磨我們對他人的基本信任與安全感。

　　當孩子心理受創，他們立即的心願就是立刻又擁有安全的感覺。為了做到這一點，他們豎起堅固的心理防衛來對抗恐懼，像是否認，而後製造出未被創傷事件影響的假象。在某些孩子身上，這些心理創傷可能要經過好幾個禮拜、幾個月、甚至幾年才會浮現出來。

　　創傷之後，當蠻橫的孩子努力想讓自己與內心那些不確定的、害怕的事情保持距離時，一定不能去處罰或責備他們。那只會使他們的焦慮感升高，醞釀衝突。舉例來說：

在心理受創事件之後

可以做的 ○	不能做的 ×
讓孩子在熟悉的活動中得到慰藉。	強迫討論傷痛。
允許孩子有個人的時間。	強迫孩子一定要跟人交際。
孩子知道，你有時間給他。	把你的自己的恐懼和不安感過度灌輸給他。
尊重孩子情緒的處理。	說教，或是給他一些不請自來的告誡。

創傷事件過後，蠻橫的孩子需要時間來讓心理重新取得平衡。不要強迫他們去面對不成熟的感受，不然他們會覺得被侵犯，用怒氣來回應。慢慢來，用溫和的方式去接觸。當你尊重他們的感受時，孩子比較有可能會覺得被安慰。孩子覺得你了解他們，就比較容易轉向你求助，而較少耍橫。

💿 離婚

世代以來，離婚一直背負著惡名：會讓家族之名蒙羞。離婚無論在公開場合、私人場合都會被嚴厲的批判。離婚的人還常會被指控為自私，只顧自己，不顧孩子死活。

而這傳遞出來的訊息是很明確的：無論如何，一定要把家緊緊框住。

然而根據最近的統計，在美國，每隔十三秒鐘就有一對夫妻離婚。一週之內，離婚的怨偶就高達四萬五千對。在美國，結婚的人幾乎有一半會以離婚收場。你可以爭執，但這卻是合法的，這聽來有點過分，居然有那麼多父母在沒有為婚姻努力嘗試就分開了。

即使如此，還是有許許多多孩子日復一日的生活在爭戰的父母之間，離婚反而是一個救贖的恩典。當父母親分開後，他們還真的表示獲得了解脫。為什麼不應該呢？當父母持續衝突不斷，孩子是最受苦的。他們覺得被父母羞辱、背叛。父母本該立下典範，過著快樂滿足的日子才是。而他們卻彼此欺負，蠻橫相待。

婚姻出了問題的夫妻通常會把孩子送去治療，殊不知真正需要治療的是他們自己。彼此爭戰不休的夫妻在家中製造了蠻橫欺人的文化，即使是經驗最老到的治療師也束手無策。

治療時間是一個禮拜一個鐘頭。剩下的 167 個鐘頭，還是和父母在一起的。要紓解由爭戰不休父母所製造出來的心理創傷與傷

害，感覺是挺無望的。所以，在蠻橫家庭文化中的孩子會轉而蠻橫對待自己，是那麼令人驚訝的事情嗎？

不但沒感受到被父母安慰，孩子還會開始覺得自己如臨深淵，四周圍繞著緊張氣氛。父母間的戰爭在他們心中根深蒂固，剝奪了他們內心的平靜。

在這不信任的根部，是深深的絕望。當父母失敗，無法樹立一個健康關係的典範，或是有效解決衝突的方式，孩子童年的喜悅就會被抽離一空，然後變成一個悲觀的人，在時間未到之前就已經老去。

對某些孩子來說，蠻橫行為是破壞非人性過程的一種努力。當一個孩子蠻橫對待爭戰中的父母時，通常是他想引起他們的注意，也嘗試讓他們避免彼此繼續傷害。就某種感覺來說，他是想給他們一個不同的注意焦點，也就是用他的蠻橫行為，撮合他們。

所以，如果你的婚姻一團渾水，而你的孩子卻開始出現有蠻橫行為，那麼很可能這兩者之間是有所關連的。換句話說，該幫你和配偶尋求幫助的時候了。

✪ 婚姻治療

夫妻婚姻治療的目的很簡單：要重新恢復彼此間的溝通，重建親密感。婚姻治療進行時，如果不用訴諸情緒之戰就能解決彼此間的衝突，治療效果最好。治療也是在提供父母親一個可以解決彼此差異的地方，而不是將孩子暴露在持續不斷的衝突中。事實上，夫妻尋求諮詢幫助的首要原因很簡單：溝通不良。

請收集值得信任的推薦，花點時間慢慢面談兩三位治療師，再下決定。請確認你們兩人都同意這個選擇，然後真正的工作才能開始。

如果分開勢所難免，那麼以下就是一些為了即將到來的離婚，跟孩子進行談話時的提示。關於離婚，市面上有需多好書，但是以下是一些簡單的能做、不能做的事。

離婚時能說和不能說的話

不能說的 ✕	能說的 ○
不要跟孩子抱怨配偶的種種。	跟孩子明白表示，婚姻問題是你們大人的事，是你和配偶要去解決的。
告訴孩子，什麼都不會改變。離婚後，什麼都會改變。	可以表達悲傷與後悔。一段婚姻走到盡頭，哀悼也是對的。
不要把一些私人的訊息和孩子分享。要把持一點界線。	讓孩子可以問你問題，把心中關切的事表達出來。
不要因為即將到來的離婚而處罰因此感到生氣或悲傷的孩子。	尊重孩子的感受，給他空間去處理發生的事。
夫妻分開的細節不用跟孩子討論。	與一個中間人一起找出互相都可以同意的解決方案。

💗 領養

領養不是一個危機。不過，卻帶有一定的挑戰性。被領養的孩子要經歷相同的掙扎，心理發展的挑戰、以及測試期，就和其他每個孩子一樣。孩子蠻橫行為出現的頻率，有血緣的孩子的家庭跟領養孩子的家庭一樣。

不過，領養的孩子還有更多心理負擔，他們要整理充滿未知的複雜過去。

「為什麼我親生的爸媽不要我？」

「我跟親生的爸媽長得像嗎？」

「我有兄弟姊妹嗎？我以後會遇到他們嗎？」

在回答這些問題時，父母往往很為難。

「我應該透漏多少？」

「我的孩子應該跟他的親生父母接觸嗎？」

「什麼時機和他分享他們的資訊比較合適？」

當領養的孩子轉而採取蠻橫的行為時，他們可能是被生活中存在的未知數所驅使。被領養的孩子心中常常糾結著兩個強大的心願：一是得知親生家庭的種種，一是希望不要知道。

這種衝突會引發焦慮感，讓他們發怒。當孩子在處理情緒發生問題時，一向都會堆積緊張和壓力，然後將這些傾倒到父母身上。

面對危機時，在被領養孩子的身上可以找出傷人卻又擊中要害的話，像是，

「我不必聽你的話。你又不是我真正的爸媽。」

「你又不擁有我──你買了我。」

「你就是不想讓我知道事實。」

這些話都是特意為了傷害你、測試你想出來的。那麼這些將你推開的行為中，隱藏了什麼訊息呢？他們真正想說什麼？

　　「你會不再愛我嗎？」

　　「你會跟我親生的爸媽一樣不要我嗎？」

　　「如果我對你不好，你也會把我擺脫掉，對嗎？」

　　在管教時，不要容忍這種攻擊，也不要充滿防衛性的去回應。對於這類的攻擊性言語，我曾聽過一些軟弱的回應：

　　「喔～就法律上來說，我就是你的父母。」

　　「我可以不當你的爸媽，但是你得聽我的。」

　　「到你滿十八歲之前，我都得為你負責。」

　　有些反應，情緒就強得多，例如：

　　「不管是誰生下了你，我就是你爸媽。」

　　「我養你、照顧你、永遠也不會停止愛你。」

　　「你對親生父母充滿好奇我很高興。因為我也是。」

　　所有孩子，無論是不是親生，都會去測探父母的愛。被領養的孩子一直與「人家會不想要你」的感覺掙扎。宣布愛與接受可以把那種合理化的推想完全打敗。當你領養來的孩子正為了本身的認同糾結不已時，他需要知道，你會站在他身邊。

　　因此當你領養的子女開始蠻橫對待你時，對付蠻橫行為的規矩還是一樣的。這種行為絕對是錯的，就要以做錯事處置。

😊 經濟不穩定

當每日的花費增加，當父母的都會想，「我們的錢都花到哪裡去了？」高昂的學費、醫療費用、房貸以及更多更多的費用，當父母的的確有很多理由覺得經濟拮据。

教養子女會產生你從未預期的財務需求。就算是經濟小康，養家的高昂費用也會令人心生警惕。

當財務狀況從不佳，淪落到糟糕——如，遇上裁員、生意失敗、投資失利——都會打擊為人父母的心，讓他們心生不安。這種情況可能會直接打擊他們的生活。教養主要的功能在於提供孩子所需，並保護他們。當經濟上的困難挑戰了執行的能力時，無論父母多麼想把擔心的事情隱瞞下來，蠻橫的孩子總是能趁著父母的焦慮的時候，再次要橫。

當經濟問題提升時，就必須做出令人不舒服的決定了。

- 💊 我們應該把經濟上的問題告訴孩子嗎？
- 💊 告訴他們這種資訊有害，還是有幫助？
- 💊 孩子知道以後，心理上會不會有負擔？

對於財務上的危機，每一對父母的作法並不相同。有些選擇隱瞞，有些人則是說得太多。如果你的孩子是個會出現蠻橫行為的孩子，決定是否告訴他就更加複雜了。

對某些蠻橫的孩子來說，經濟上的拮据提供了更多養分來滋養他們的暴虐行為。被蠻橫對待的父母通常會選擇隱藏資訊，避免挑起孩子的憤怒，這並不令人意外。

無論如何，保護孩子，不讓他們了解財務危機的現實是一個錯誤。孩子不應該覺得父母的財力是沒有底線的，不過也不該覺得自

家正在破產邊緣。

第七章中所介紹的，集合支援的工具在這裡也是可以適用的。無論你銀行帳戶的數字多少，你也沒必要偏離方向。

和所有的危機一樣，重要的是你面對的方式。財務上的危機沒有什麼好覺得丟臉的。在面對財務危機時，把全家團結起來，共同去承擔事態的緊急性，這才是尊重的行為。財務危機如果被為人父母者適當處理，是能讓全家團結一心的。

當孩子去打工來幫助家庭度過經濟難關時，他們會產生責任感，對家庭的未來有一種擁有感。這會讓他們更堅強，覺得自己可以做出貢獻。

我曾經一起工作的孩子就從責怪父母，轉變到去伸手幫忙。得知家中經濟出現問題讓他清醒了過來，也促使他產生動力，想要參與更多，付出幫助。他把自己不玩的舊玩具賣掉、開始送報、付自己的學校午餐費用。這件事喚醒了他體內的使命感與責任感。

父母展現對他的尊重，開誠布公的告訴他家中經濟的問題，讓他產生受到尊重的感覺。他對蠻橫行為失去了興趣，因為家中情況召喚著每一個成員要同心協力去努力。這讓他產生了力量，做出更好的選擇。

♥ 學習問題

想像一下，你正做著一個能力所不及的工作。無論你如何努力，就是做不好。

現在想像一下，與你合作的同事和老闆對你一再批評的臉色。

「你為什麼得花那麼多時間來做？」

「你怎麼回事啊？」

「你怎麼不集中心力去做？」

你是什麼感覺呢？士氣低落，是吧？你疲憊不堪、死氣沈沈。事實上，你開始不關心周邊的人與事。

學習問題沒診斷出來的孩子也是一樣的。這是一個沉默的危機，但是破壞力和警示程度不輸其他危機。

無論孩子怎麼努力，有學習障礙的孩子似乎總是無法讀好書。覺得在學校裡很失敗，對他們來說是難以負荷的艱辛。有些孩子開始出現蠻橫的行為，這是因為他們無法忍受日日處在失望之中的感覺。

正如我們在第二章中所學，尚未診斷出來的學習問題，是一個頗為常見的蠻橫理由，因為這會在孩子身上產生長期的壓力。學業成績不佳，對孩子的自我價值感也會造成傷害。學習上的問題，如處理速度緩慢、執行力不良、或是注意力缺乏症都是不容易被診斷出來的毛病，但卻會慢慢蠶食孩子對自己的信任度。

有學習障礙，但尚未被診斷出來的孩子，一直會被要求以他無法達成的速度去學習。他們被期望要去完成自己並不了解的課堂作業。他們開始覺得自己很失敗，在學校、在生活中都失敗。事實上，過度沉重的壓力和被擊敗的感覺，讓他們轉而以蠻橫的行為作為舒壓的方式。

神經心理評估可以幫助孩子認清問題所在，幫助他走向復原之路。在問題被指出後，孩子就能接受學校適當的學業調整與支援。無論是哪一種學習類型，每個孩子都需要感覺自己在課業上是合格的。

所以，如果你家孩子有學業上的問題，那麼該是帶他去做個神經心理評估，結束對所有人折磨的時候了。治療或諮詢都能給幾欲發狂的孩子帶來紓緩，但是無法去逼出長期壓力的學習問題。

💚死亡

死亡從來沒有所謂的公平、適時、或是經過仔細計畫的。即使是久病之後迫近的死亡，還是令人滿心遲疑。

每個家族的文化不同，面對死亡的方式也不同。所有的文化裡都有死亡相關的儀式，社群共守的規矩，讓家族來聚集、哀悼、並處理他們所痛失的。沒有特殊宗教信仰的家族可能會舉辦個人的儀式，透過家族的聚首或慶祝來敬崇逝者。讓家人與所愛的人相聚一起則是這種治癒的核心部分。

父母可以選擇要不要讓子女參與告別式或喪禮。是否參加，這個決定通常取決於這對父母對逝者的情份。無論你多想為孩子遮擋，讓他們遠離死亡嚴苛的現實，但這仍是人生無可避免的一部分。死亡一定會拜訪每一個家庭，只是時間早晚而已。

幫助孩子學會敬重並處理痛失親人與悲傷的情感，可以讓他們在將來面對無可避免的死別時，有所準備。不要讓孩子參與圍繞著死亡的儀式，尤其是有蠻橫行為的孩子，因為這通常會導致複雜的喪親之痛。

教養案例：遭受喪父之痛的史考特和西蒙娜

我記得曾和兩個十幾歲的青少年一起工作過，他們都分別遭受了喪父之痛。其中的一個孩子史考特參加了父親的喪禮與告別式。他被鼓勵，把對失去父親的感受透過文章、畫畫以及討論分享出來。

另外一個青少女西蒙娜就被排除在她父親的喪禮跟告別式之外。事實上，沒有人曾經跟她討論過與他逝世有關的任何細節。她被送到表親的家裡，而家中的至親則在家哀悼。

分析

當史考特加入我的其中一個青少年團時，他公開的討論了父親的逝世。他回答了團員的問題，並跟大家說出他的感受。團員被他的誠實與勇氣深深感動。

西蒙娜獲得一個訊息，就是她最好把自己的感受隱藏起來，不要公開講出來。她要哭，也是半夜在枕頭上哭泣。死亡是一個忌諱，不討論、不提及是為了避免觸及母親的傷痛。

當西蒙娜學會如何把悲傷往肚裡吞時，更深沉的怒氣出現了。她的個性開始出現令人驚訝的轉變，她變得幽暗深沉、對學校失去了興趣，並開始蠻橫對待母親。在十幾歲時，西蒙娜還在毒品與酒精中找到能暫時紓解她哀傷的安慰。

結果

兩個改變人生的死亡，兩種截然不同的結果。說史考特和西蒙娜的家人處理與死亡相關情感的差異改變了兩個孩子的人生，一點也不為過。

☺ 參不參與

決定是否讓孩子參與家人哀悼的過程，孩子的脾氣和年齡是很重要的考量。舉例來說，孩子如果年紀太小，在告別式或喪禮上就坐不住。所以最好是單獨和他討論死亡的課題，並回答他的問題。

我還沒遇過有哪個青少年，在某些點上，對於死亡是不耿耿於懷的。把失去天真作為一種表徵，或是發現父母並非無所不能，是青少年很常見的反應。雖然大多數的青少年對於告別式儀式通常都感到很不舒服，但是父母親還是應該盡量讓他們參與。把他們納入這樣的習俗裡，日後將可以幫助他們去面對死亡，敬重哀傷之情。

在這整個過程裡，家長要做出很多困難的決定。

「即使我女兒很不想去參加喪禮，我應該強迫她去嗎？」

「我的小孩要參加瞻仰，年紀是不是太小了一點？」

「我應該把我個人對於死亡的感受跟他分享嗎？」

雖然，這些很多是非常個人的問題，但我還是想從家有蠻橫孩子的觀點，多方面來探討接觸這個死亡話題的方式。

✪ 談論死亡

有過蠻橫行為紀錄的孩子有壓抑脆弱情感的傾向。他們不願意討論死亡，也不願意悲傷。他們試圖去逃避感受到的悲傷，並努力去重新營造一個正常的外相。他們可能會沉迷於電腦遊戲、電視秀、或看電影。又或者，他們會把自己完全投入到運動、學業或是同儕的活動之中。有些人會採取從世界退縮的姿態，把自己藏在深鎖的房門後。就像西蒙娜，她就試圖利用毒品和酒精來麻痺心裡的痛。他們讓自己全新投入於這類的行為之中，以逃避威脅著要吞噬他們的恐懼與絕望。

絕對不要要求蠻橫的孩子跟你分享對逝者的感受。如果你真這樣做，蠻橫的行為可能會變得更多。孩子沒有工具可以表達這種毀滅感。一開始，最好是尊重他們隱私上的需求，提供支援，並壓抑去勉強他們談論的衝動。每個人從痛失所愛中復原的速度都不一樣。喪親之痛是急不來的。

如果你有個蠻橫的孩子，那麼你要特別有耐心。即使是在悲痛之中，也記得要請你的支援團隊來支援，多多照顧自己。所有的努力都會幫助你維持一個堅定的領導力，以及絕不忍受蠻橫行為的態度，甚至在失去親人之時。

當我告訴妻子，我要在書中寫父母親如何幫助子女面對死亡的

234

話題時，她告訴我，她一直忘不了自己看到父親在祖母的告別式上哭泣。雖然很難過，但是她在父親的淚水裡找到了安慰。正常來說，他會把這樣的情緒隱藏起來。但是看到他把悲傷表達出來卻讓她感動不已。她覺得父親是在給她一個許可，讓她也可以公開的去感受悲傷並且哭泣。

把你的悲傷感受與他人分享，表達你對於死亡的心碎在教養上是一個很嚴苛的時刻。你的孩子會覺得不舒服，但是遠比否認或強忍著要好得多。這對每一個父母親都是一件艱難的事，但是卻能給孩子一個感覺與你更親近的機會，並且被納入家族重要的時刻。公開哀痛心情，並把悲傷表達出的父母，讓孩子也有表達自己悲傷的可能性，而不是透過蠻橫行為來對抗這種感受。

✪ 高堂之死

有什麼事能比痛失父母更讓人感到哀痛心碎呢？

父母有人走後，你會感受到前所未有的孤獨感。內心的百般折磨是逃不開、揮不去的。家，不再那麼令人安心。曾經滿是安慰與溫暖的家，驟然之間籠罩著支離破碎的悲傷。個性曾經那麼好又合作的孩子，可能會變得陰沉易怒。有時候，還會在一夕之間迸出蠻橫的行為。

沒有工具與方法可以處理死亡的孩子，會變得很沮喪、意志消沉。很多孩子不再上學，或是退縮不見朋友。在他們內心深處，在悲傷之下，是一把因為死亡的不公而煎熬著的怒火。在電影或電視劇裡，死亡並不是最後的結束。在現實生活中，可沒這樣的選擇。

在另一半死亡後，還活著一個很可能會受到雙倍份量的蠻橫行為對待。當活著的一方也正因為痛失所愛還哀悼著、掙扎之時，這樣的事情是更難去面對的。這個時間最需要盡可能的把所有的支援力量都動員起來。請複習第六章、第七章中所介紹的工具。讓學

235

校人員知道、向親友伸手請求援助、去找支援團體，讓孩子加入同有喪親之痛的小組或是青年活動計畫。任何能讓你們兩人不陷入孤立、與世界切斷的事都可以去做。

x   x   x   x

當父母面對危機時，他們必須展現領導力。孩子需要自己的父母展示希望與力量，來成功治療心理的傷害。這不是要你隱藏自己的感受，或裝做未受到危機的影響。相反的，把你的感受與子女分享、和子女一起處理後續事宜，是你必須去做的。即使蠻橫的孩子不理會你，他還是會尊重你的坦誠，實際上以你為榜樣去做。

一家人會有時間和地點來將彼此團結在一起，同心協力處理危機的。到了最後，全家的團結將會是復原的最佳方式，也是最有效的治療方法。

 ## 再次感受為人父母的喜悅

二十年來，壓力沉重的父母不斷的進入我的辦公室，參加我的教養研討會。透過本書，我嘗試把他們關切的重點與問題點出來，也把自己提供給他們的建議寫出來。我想把他們跟我表達過最關切的事，歸納成三項：

🟣 如何當個稱職的父母？

簡單的說，最好的父母是一直在成長的父母。立下承諾，讓個人不斷持續成長、從內心轉變，對良好的教養是非常重要的。不斷在自己身上付出努力的父母很少會成為過時教養典範下的犧牲品，也不會重複前幾代的錯誤。他們很少忽略自己，或讓自己累癱，他

們發現，自己的成長和孩子的成長，在本質上是緊緊相扣的。他們在家中營造出一種改進自我的文化，並且鼓勵孩子保持努力。

這樣的父母也有能力擺脫個人過去經歷的束縛，在當下活得更加充實。這就是最有效的教養方式。當父母能與孩子一同處在這樣的時刻，就永遠不會失去青春活力；他們心存感念的活著、帶著好奇心與一份吸引孩子的坦誠，讓孩子與自己親密無間。

為何和孩子的爭鬥如此之多？

為人父母教養子女，爭鬥是天生的。真正的癥結在於我們有多願意去挑戰自己？所有的父母一開始都是新手，我們學習到的一切，全是辛辛苦苦學習來的。

教養經常是一場寂寞的戰爭。對孩子來說，有時候，你是一個英雄，有時候卻是一個敵人。在轉眼之間，你從身為自己宇宙的主宰變成命運殘酷玩笑下的受害者。

養育孩子有太多的不可預期性，是一段沒有極限、邊走邊學習的經驗。所以，你自然會有爭鬥、會掙扎。當你進入養育的森林，發現裡面蠻荒一片、未經探索後，肯定會產生失落感或心生後悔。教養是情感與心理上的鍛鍊。我希望，當你在害怕手上所有的指路石已近乎一空的時候，本書能被用來當作新技巧的訓練基礎，並作為地圖，帶你重返清明的神智。

最好的教養特質——身教

「正念」（mindfulness）不是一個經常會與教養聯想在一起的字。自我掌控（self-mastery）也不是。但是這兩者缺一，都無法讓你擁有一個健康的親子關係。當父母親以身作則，為希望在孩子身上見到的行為樹立典範時，就已經把路帶往更佳的溝通與親子關係上。父母親在傳授價值觀時，是透過身教，而不是言教的。

舉例來說，在我們閱讀本書時，很少看到急性子的人能和子女建立良好關係的。作為一個父親，我最糟糕、也是最痛苦的經驗都發生在我不耐煩的時候。當我不再拉扯孩子，將他們塑造成另一個人，並把精力專注在改變我自己的問題行為上（當然是從更有耐心做起），我們之間的關係就以一個驚人的速度，朝正面前進。

一切最終還是得看我們如何與孩子互動。簡單的說，我們對孩子的行為是「因」，而孩子對我們的行為則是「果」。改變因，才能結出不同的果。

我希望，你會利用在本書中學會的工具與見解來創造一段全新的、正面的親子關係，一段建立在互相欣賞、互相尊重基礎上的關係。

管理情緒 × 控制衝動，
重新掌握教養主導權

作　　者／史恩・葛洛佛
譯　　者／陳芳智
特約編輯／蔡珮瑤
主　　編／陳雯琪

行銷企畫／洪沛澤
行銷經理／王維君
業務經理／羅越華
總 編 輯／林小鈴
發 行 人／何飛鵬
出　　版／新手父母出版
　　　　　城邦文化事業股份有限公司
　　　　　台北市中山區民生東路二段 141 號 8 樓
　　　　　電話：(02) 2500-7008　傳真：(02) 2502-7676
　　　　　E-mail：bwp.service@cite.com.tw
發　　行／英屬蓋曼群島商家庭傳媒股份有限公司城邦分公司
　　　　　台北市中山區民生東路二段 141 號 11 樓
　　　　　讀者服務專線：02-2500-7718；02-2500-7719
　　　　　24 小時傳真服務：02-2500-1900；02-2500-1991
　　　　　讀者服務信箱 E-mail：service@readingclub.com.tw
　　　　　劃撥帳號：19863813
　　　　　戶名：書虫股份有限公司

香港發行所／城邦（香港）出版集團有限公司
　　　　　香港灣仔駱克道 193 號東超商業中心 1F
　　　　　電話：(852) 2508-6231　傳真：(852) 2578-9337
　　　　　E-mail：hkcite@biznetvigator.com
馬新發行所／城邦（馬新）出版集團 Cite(M) Sdn. Bhd. (458372 U)
　　　　　11, Jalan 30D/146, Desa Tasik,
　　　　　Sungai Besi, 57000 Kuala Lumpur, Malaysia.
　　　　　電話：(603) 90563833　傳真：(603) 90562833

封面、版面設計／徐思文
內頁排版、插圖／徐思文
製版印刷／卡樂彩色製版印刷有限公司
2017 年 2 月 23 日 初版 1 刷　　　　　　　Printed in Taiwan
定價 350 元
ISBN　9789865752521

國家圖書館出版品預行編目 (CIP) 資料

管理情緒 X 控制衝動，重新掌握教養主導權
/ 史恩.葛洛佛著 ; 陳芳智譯. -- 初版. -- 臺北市 : 新手父母,
城邦文化出版 : 家庭傳媒城邦分公司發行 , 2017.02
 面 ; 公分
譯自 : When kids call the shots : how to seize control from
your darling bully--and enjoy being a parent again
ISBN 978-986-5752-52-1(平裝)

1. 父母 2. 親職教育

544.141   106000708